Mehl- und Eierspeisen

Mehl- und Eierspeisen

Reader's Digest

Inhalt

Seite 10

Frühstück

Seite 44

Gerichte für den kleinen Hunger

Seite 82

Deftige Hauptgerichte

Seite 132

Süße Hauptgerichte und Desserts

Eier – vielseitig und gesund

Zur Herstellung von Lebensmitteln werden im Allgemeinen Hühnereier verwendet. Zwar gibt es auch andere zum Verzehr geeignete Sorten wie Wachtel-, Gänse oder – ganz exotisch – auch Straußeneier, doch diese kommen hierzulande nur selten auf den Tisch.

Wegen ihres hohen Cholesteringehalts galten Eier lange Zeit als ungesund. Dabei zählen sie zu den nährstoffreichsten Lebensmitteln überhaupt. Sie enthalten nicht nur viel gut verwertbares Eiweiß, sondern auch nahezu alle lebenswichtigen Vitamine und Mineralstoffe. Ganz besonders reich sind sie an Vitamin A, verschiedenen B-Vitaminen, Kalzium, Eisen, Natrium und Kalium. Das Cholesterin steckt allein im Dotter. Wie stark sich die direkte Aufnahme dieses Stoffs aus der Nahrung auf die Höhe des Cholesterinspiegels auswirkt, ist wissenschaftlich heute recht umstritten. Fest steht, dass sich der Verzehr von Eiern bei gesunden Menschen in der Regel nicht negativ auswirkt. Nur wer einen dauerhaft erhöhten Cholesterinspiegel hat, sollte darauf achten, nicht zu viel davon zu essen.

Frischetest

Folgender Test hilft herauszufinden, ob ein Ei noch genießbar ist: Ein Glas mit Wasser füllen und das Ei hineinlegen. Bleibt es flach auf dem Boden liegen, ist es noch ganz frisch. Zeigt das stumpfe Ende nach oben, ist es erst wenige Tage alt. Senkrecht im Wasser stehende Eier sind weniger als zwei Wochen alt und bedenkenlos verzehrbar. Ein Ei, das an der Oberfläche schwimmt, ist hingegen über drei Wochen alt. Es muss nicht schlecht sein, aber es empfiehlt sich, solch ein Ei vor der Verwendung in einer separaten Tasse aufzuschlagen. Sollte es unangenehm riechen, werfen Sie es weg.

Braun oder weiß?

Obschon vielfach das Gerücht kursiert, braune Eier seien nahrhafter als weiße, hat die Farbe tatsächlich keinen Einfluss auf den Nährwert eines Eis. Dieser hängt vielmehr von der Qualität des Futters ab, das die Henne erhält, die es legt. Welche Farbe ihre Eier haben, ist genetisch bedingt. Manche Hühnerrassen legen weiße, andere braune Eier. Daneben gibt es sogenannte Grünleger, deren Eier verschiedene Schattierungen von Oliv bis Türkis aufweisen.
Wo ein Ei herkommt und wie das Huhn, das es legte, gehalten wird, verrät der Stempel auf dem Ei. Die erste Ziffer gibt die Haltungsform an: 0 steht für Eier aus Bio-Haltung, 1 für Freilandeier, 2 für Eier aus Bodenhaltung und 3 für Eier von Hühnern aus Kleingruppenhaltung. Dann folgt der Ländercode, der über die Herkunft des Eis informiert. DE steht z. B. für Deutschland, AT für Österreich usw. Mit den darauf folgenden Ziffern lässt sich der jeweilige Hof bestimmen, von dem das Ei stammt.

Die richtige Lagerung

Frisch gelegte Eier besitzen eine natürliche Schutzschicht, dank der sie rund 18 Tage bei Zimmertemperatur haltbar sind. Genaue Angaben dazu, ab wann sie gekühlt werden müssen, finden sich auf der Verpackung. Aber Achtung: Stehen Eier erst einmal im Kühlschrank, müssen sie ungeachtet dieser Angaben bis zur weiteren Verwendung auch darin bleiben, andernfalls können durch das Kondenswasser, das sich beim Herausnehmen auf der Schale bildet, Keime ins Ei gelangen. Ob im Kühlschrank oder nicht: Am besten aufgehoben sind Eier im Karton. Hier sind sie nicht nur vor Stößen geschützt, sondern auch vor schlechten Gerüchen.

Das richtige Mehl verwenden

Speisemehl wird in erster Linie aus Getreide wie Weizen, Dinkel, Roggen, Hafer, Hirse, Mais etc. gewonnen. Auch Pseudogetreidearten wie Buchweizen oder Quinoa können zu Mehl verarbeitet werden. Eigenbackfähig, d. h. zur Herstellung von Brot geeignet, sind von den gängigen Sorten allerdings nur Weizen-, Dinkel- und Roggenmehl, denn sie enthalten das auch als Klebereiweiß bezeichnete Gluten, das den Teig zusammenhält.

Glutenhaltige Getreide unterscheiden sich je nach Ausmahlungsgrad in ihrem Mineralstoffgehalt und werden zur genaueren Kennzeichnung in verschiedene Typen eingeteilt. Die Typenklassifizierung ist in Deutschland, Österreich und der Schweiz verschieden, allgemein aber gilt: Je geringer die Typenzahl, desto geringer ist der Ausmahlungsgrad und dementsprechend gering der Mineralstoffgehalt. Niedrige Mehltypen – z. B. 405 in Deutschland, W480 in Österreich oder 400 in der Schweiz – sind sehr hell und haben einen hohen Kleberanteil, daher eignen sie sich besonders gut für Kuchen und Torten, feines Gebäck und helle Brote. Für Pizzateige und Mischbrote kann man schwerere Mehle mit höheren Typennummern verwenden.

So hält Mehl am längsten

Mehl sollte immer trocken, dunkel und kühl aufbewahrt werden, so bleibt es am längsten frisch. Besonders gut geht das in einer kühlen Speisekammer oder einem Kellerraum. Am besten füllt man Mehl nach dem Öffnen der Verpackung in eine fest verschließbare, lichtundurchlässige Dose um. Achten Sie aber unbedingt darauf, dass diese sauber und trocken ist, um die Bildung von Schimmel zu vermeiden. In der Dose ist das Mehl vor Feuchtigkeit, Fremdgerüchen und Mehlwürmern geschützt Richtig gelagert sind helle Mehle bis zu 1½ Jahre, dunkle Mehle sechs bis acht Monate und Vollkornmehle sechs bis acht Wochen haltbar. Danach beginnen sich die im Mehl enthaltenen Fettsäuren zu zersetzen, und das Mehl wird ranzig. Im Kühlschrank hat Mehl übrigens nichts verloren. Dort ist es zwar kühl und dunkel, aber auch viel zu feucht.

Vollkornmehl

Vollkornmehle werden immer aus dem ganzen Korn gemahlen, daher gibt es für sie keine Typenbezeichnung. Ihr Mineralstoffgehalt ist naturgemäß hoch, allerdings sind sie auch schwerer und gehen nicht so leicht auf wie hellere Mehlsorten. Wer Weißmehl in einem Rezept durch Vollkornmehl ersetzen möchte, sollte den Flüssigkeitsanteil des Teiges um 10–20 Prozent erhöhen, um dies zu kompensieren. Vollkornmehle sind durch ihren hohen Nährstoffgehalt übrigens nicht so lange haltbar wie Weißmehle und sollten daher schnell verzehrt werden.

Soße ohne Klümpchen

Eine Mehlschwitze zuzubereiten, ohne dass sie klumpt, ist nicht nur für Kochanfänger eine Herausforderung. Eigentlich ist die Zubereitung aber gar nicht so schwer. Ruhe bewahren und Rühren heißt die Devise. Mehlschwitze besteht aus Butter, Mehl und einer kalten Flüssigkeit – je

nach Rezept Brühe, Milch oder Wasser. Zunächst wird die Butter im Topf zerlassen, dann das Mehl eingestreut. Dass sich dabei Klümpchen bilden, ist unvermeidlich. Wichtig ist zu wissen, dass sich diese auch wieder auflösen, wenn man im Folgenden alles richtig macht. Nun kommt nämlich die Flüssigkeit hinzu, jedoch nicht alles auf einmal in einem großen Schwall, sondern nach und nach in kleinen Schlucken. Die Masse wird dann immer so lange gerührt, bis sich alle Mehlklümpchen aufgelöst haben, erst dann kommt weitere Flüssigkeit hinzu. Am Ende erhält man eine glatte, sämige, klümpchenfreie Soße. Sollte diese zu mehlig schmecken, einfach ein paar Minuten bei kleiner Hitze köcheln lassen. Dadurch geht der Mehlgeschmack verloren.

Frühstück

Eier Florentiner Art

4 Portionen

2 EL Speisestärke
300 g fettarme Milch
40 g Greyerzer, gerieben
1 Prise frisch geriebene Muskatnuss
Salz
frisch gemahlener Pfeffer
20 g Butter
1 EL natives Olivenöl extra
200 g junger Lauch,
in dünne Ringe geschnitten
800 g junger Spinat
1 TL Essig
8 Eier
Paprikapulver, zum Garnieren

Zubereitungszeit: ca. 15 Minuten
Kochzeit: ca. 15 Minuten

1 Die Stärke mit ein wenig Milch zu einer glatten Paste verrühren. Die restliche Milch in einem beschichteten Topf aufkochen. Die heiße Milch zur Stärkemischung geben und unterrühren, dann in den Topf zurückgießen und unter Rühren erneut aufkochen. Sobald die Soße eingedickt ist, die Hitze reduzieren und 2 Minuten köcheln lassen. Den Topf vom Herd nehmen und den Greyerzer einrühren. Dann mit Muskat, Salz und Pfeffer würzen.

2 Butter und Öl in einem Topf erhitzen. Den Lauch zufügen und 2 Minuten unter Rühren dünsten. Dann den Spinat unterrühren. Den Topf abdecken und das Gemüse weitere 2–3 Minuten dünsten, bis der Spinat zusammenfällt und der Lauch gar ist. Das Gemüse über einem Sieb abgießen. Überschüssige Flüssigkeit mit einem Löffel ausdrücken, alles in den Topf zurückgeben und mit Salz und Pfeffer würzen. Dann abdecken und warm halten.

3 Einen Topf zur Hälfte mit Wasser füllen. Das Wasser aufkochen, den Essig zugießen und die Hitze reduzieren, bis die Flüssigkeit nur noch leicht köchelt. Nach und nach die Eier ins heiße Essigwasser schlagen und 3–4 Minuten gar ziehen lassen. Gegen Ende der Garzeit noch flüssiges Eiweiß vorsichtig über das Eigelb löffeln. Die fertig pochierten Eier mit einem Schaumlöffel aus dem Topf heben und auf Küchenpapier abtropfen lassen.

4 Den Backofengrill auf höchste Stufe vorheizen. Das vorbereitete Gemüse gleichmäßig in einer Auflaufform verteilen. 8 Vertiefungen hineindrücken und die Eier hineinsetzen.

5 Die Käsesoße angießen und die Eier mit etwas Paprikapulver bestreuen. Anschließend 3–4 Minuten unter den heißen Grill stellen, bis die Oberfläche leicht gebräunt ist. Sofort servieren.

Minze-Rührei mit Zucchini

4 Portionen

1 Knoblauchzehe
Salz
3–4 Stängel Minze
2 kleine Zucchini
(zusammen etwa 250 g)
8 Eier
4 EL Sahne
frisch gemahlener Pfeffer
1 Msp. Cayennepfeffer
20 g Butter
1 unbehandelte Zitrone

Zubereitungszeit: ca. 20 Minuten

1 Den Knoblauch schälen und grob zerkleinern. Mit etwas Salz bestreuen und mit einer Messerklinge fein zerreiben.

2 Die Minze waschen und trocken schütteln, die Blättchen abzupfen und fein hacken; ein paar Blättchen für die Garnitur beiseitelegen.

3 Die Zucchini waschen und trocken reiben, von den Enden befreien und in eine Schüssel raspeln. Die Zucchiniraspel mit Küchenpapier ausdrücken, damit sie so trocken wie möglich werden.

4 Die Eier in einer Schüssel mit der Sahne verquirlen. Minze, Salz, Pfeffer und Cayennepfeffer hinzufügen und unterheben.

5 Die Butter in einer beschichteten Pfanne bei mittlerer Hitze zerlassen. Den Knoblauch darin kurz dünsten. Die Zucchiniraspel mit etwas Salz hinzufügen und alles unter gelegentlichem Rühren 3–4 Minuten dünsten.

6 Die Zitrone heiß waschen und abtrocknen. Ein wenig Schale von der Zitrone über die Zucchini in der Pfanne reiben. Die Zitrone halbieren und etwas Saft aus einer Hälfte über den Zucchini ausdrücken. Zucchini durchmischen und die Eier darübergießen.

7 Die Eier kurz stocken lassen, dann vom Rand zur Pfannenmitte schieben – die Pfanne dabei leicht schräg halten, damit ungestocktes Ei auf den Pfannenboden fließen kann.

8 Sobald die gesamte Eiermasse gestockt ist, das Rührei in der Pfanne mit den übrigen Minzeblättchen und Pfeffer bestreuen.

Stramme Mäxchen

8 Portionen

8 Scheiben Vollkorn-Sandwichbrot
60 g Kräuterbutter
8 Scheiben gekochter Schinken (100 g)
8 Scheiben Bergkäse (100 g)
8 Eier
Salz (nach Belieben)
frisch gemahlener Pfeffer
Butter für die Tassen

Zubereitungszeit: ca. 20 Minuten
Backzeit: ca. 20 – 25 Minuten

1 Den Backofen auf 200 °C vorheizen. Acht ofenfeste Tassen oder Förmchen (je 250 ml Inhalt) mit Butter ausfetten.

2 Das Sandwichbrot entrinden und mit einer Teigrolle flach walzen. Die Scheiben mit der Kräuterbutter bestreichen und die Tassen damit auskleiden.

3 Je 1 Scheibe Schinken und Käse in das Brotkörbchen legen – falls nötig, den Käse dabei etwas zerzupfen. Nacheinander die Eier aufschlagen und je ein Ei in ein Brotkörbchen gleiten lassen.

4 Die Tassen auf den Backofenrost stellen und die Strammen Mäxchen im heißen Ofen (Mitte) je nach gewünschter Eikonsistenz 20 – 25 Minuten backen.

5 Das gestockte Ei nach Belieben mit etwas Salz und Pfeffer bestreuen und die Strammen Mäxchen in der Tasse bzw. im Förmchen servieren.

In einer Form
Eine große Gratinform mit den Brotscheiben auskleiden, Schinken und Käse darauflegen und die Eier nebeneinander daraufschlagen. Wie beschrieben im Ofen backen.

Käse-Omelett mit Kräutern

2 Portionen

je 4 Stängel Basilikum, Petersilie und Zitronenmelisse
4 Halme Schnittlauch
6 kleine Eier
½ TL Salz
40 g Schafskäse (z. B. Etorki), gerieben
2 TL Bio-Kokosöl oder Butter

Zubereitungszeit: ca. 20 Minuten

1 Die Kräuter waschen und trocken schwenken. Die groben Stiele entfernen, feine Stiele und Blätter mit dem Wiegemesser fein zerkleinern. Schnittlauch in Röllchen schneiden.

2 Die Eier in eine Schüssel aufschlagen und mit Salz und 4 EL Wasser verquirlen. Den geriebenen Käse und die Kräuter unter die Eiermasse mischen.

3 Die Hälfte des Kokosöls in einer Pfanne bei mittlerer Hitze heiß werden lassen. Die Hälfte der Omelettmasse hineingießen und etwas anbacken lassen; die Pfanne dabei leicht hin und her schwenken, damit sich die Masse gut in der Pfanne verteilt.

4 Sobald nur noch die Oberfläche feucht ist, das Omelett mit dem Pfannenwender zur Hälfte zusammenklappen und die untere Seite goldbraun fertig backen.

5 Das Omelett auf einen angewärmten Teller stürzen und sofort servieren. Aus dem übrigen Teig ein zweites Omelett zubereiten.

Hafer-Crêpes

4 Portionen

40 g Haferflocken
110 g Mehl
3 Eier
1 EL Olivenöl,
plus etwas mehr zum Braten
180 ml fettarme Milch

Füllung
2 EL Olivenöl
1 kleine Zwiebel, fein gehackt
1 Knoblauchzehe, zerdrückt
250 g Champignons,
in dünnen Scheiben
2 EL Mehl
250 ml fettarme Milch
2 EL Schnittlauchröllchen,
plus etwas mehr zum Garnieren

Zubereitungszeit: ca. 20 Minuten
Ruhezeit: ca. 15 Minuten
Kochzeit: ca. 20 Minuten

1 Die Haferflocken mit dem Mehl in einer Küchenmaschine oder einem Mixer fein mahlen und in eine große Schüssel geben.

2 Eier, Olivenöl und Milch verquirlen. Mit der Faust eine Vertiefung in die Mitte der Mehlmischung drücken. Die Eimischung hineingießen und alles zu einem glatten Teig verrühren. Diesen 15 Minuten ruhen lassen.

3 Inzwischen für die Füllung Öl bei mittlerer Hitze in einem großen Topf erhitzen. Die Zwiebel darin 2–3 Minuten unter Rühren weich dünsten. Knoblauch und Pilze zufügen und alles unter Rühren weitere 3–4 Minuten garen, bis die Pilze weich sind.

4 Die Hitze leicht reduzieren. Die Pilze mit dem Mehl bestäuben und alles unter schnellem Rühren etwa 1 Minute erhitzen. Nach und nach die Milch zugießen und unterrühren. Weitere 3–4 Minuten rühren, bis die Milch aufkocht und eindickt. Nun den Schnittlauch zufügen. Die Füllung vom Herd nehmen und warmhalten.

5 Etwas Öl in einer mittelgroßen Crêpe- oder Bratpfanne erhitzen. Eine Kelle (ca. 60 ml) Teig zufügen. Die Pfanne leicht schwenken, damit sich der Teig gleichmäßig verteilt. Die Crêpe 1 Minute braten, wenden und 1 weitere Minute braten, bis sie goldbraun ist. Anschließend bis zum Servieren beiseitestellen und warmhalten. Aus dem restlichen Teig weitere 7 Crêpes zubereiten.

6 Die Pilzfüllung auf die vorbereiteten Crêpes verteilen. Die fertigen Crêpes zusammenklappen, mit Schnittlauchröllchen garnieren und servieren.

Gebackene Eier mit Kräutern

4 Portionen

Olivenöl, zum Einfetten
1 EL fein geschnittener frischer Schnittlauch
1 EL fein gehackte frische Blattpetersilie
2 Frühlingszwiebeln, in dünne Ringe geschnitten
200 g fettarmer griechischer Joghurt
8 Eier, zimmerwarm
frisch gemahlener Pfeffer
4 Scheiben Vollkornbrot, getoastet

Zubereitungszeit: ca. 15 Minuten
Garzeit: ca. 15 Minuten

1 Den Backofen auf 180 °C vorheizen. 4 Auflaufformen (250 ml) mit etwas Öl einfetten und auf ein Backblech stellen. Schnittlauch, Petersilie und Frühlingszwiebeln in einer kleinen Schale mischen.

2 Die Hälfte des Joghurts auf die vorbereiteten Formen verteilen. Die Hälfte der Kräutermischung darüberstreuen. In jede Form 2 Eier aufschlagen. Die Reste des Joghurts und der Kräutermischung darauf verteilen und alles ordentlich pfeffern.

3 Die so vorbereitete Eimasse 12 – 15 Minuten backen, bis das Eiweiß zu stocken beginnt. Die fertig gebackenen Eier aus dem Ofen nehmen und 5 Minuten abkühlen lassen. Mit Vollkorntoast servieren.

Alternative
Sie können auch andere Kräuter wie Basilikum oder Minze verwenden oder vor dem Backen gehackte Tomaten, Paprika oder zerkleinerten Feta über die Eimasse streuen.

Pochierte Eier mit knusprigem Speck

4 Portionen

1 EL Olivenöl,
plus etwas mehr zum Einfetten
4 Scheiben Frühstücksspeck
ohne Schwarte (etwa 150 g)
2 TL Ahornsirup
250 g reife Cocktail-, kleine Strauch- oder Kirschtomaten
4 Eier
2 Vollkorntoasties,
aufgeschnitten und getoastet

Zubereitungszeit: ca. 10 Minuten
Garzeit: ca. 10 Minuten

1 Den Backofen auf 200 °C vorheizen. Ein Backblech dünn mit etwas Öl bestreichen. Die Speckscheiben darauflegen und mit Ahornsirup beträufeln. Ein zweites Backblech daraufstellen, um den Schinken zu beschweren. Die Tomaten auf einem dritten Backblech verteilen und mit Öl beträufeln. Die 3 Bleche 8–10 Minuten in den Backofen geben, bis der Speck knusprig und die Tomaten weich sind. Den Speck auf Küchenpapier abtropfen lassen.

2 Eine große Pfanne zur Hälfte mit Wasser füllen. Erhitzen, bis das Wasser sanft köchelt. Die Eier nacheinander in eine Tasse aufschlagen und von der Tasse in das heiße Wasser gleiten lassen. Dann 2–3 Minuten pochieren, bis das Eiweiß gestockt und der Dotter noch weich ist.

3 Die Eier auf die 4 Toastiehälften verteilen und mit den Speckscheiben belegen. Die Tomaten daneben anrichten und servieren.

Senfpfannkuchen mit Speck, Ei und Tomaten

4 Portionen

4 Streifen magerer Frühstücksspeck
4 Tomaten, halbiert
Salz
frisch gemahlener Pfeffer
½ TL gemischte Trockenkräuter
4 Eier

Für die Pfannkuchen
90 g Mehl Type 405
1 TL Backpulver
1 Ei, getrennt
2 TL körniger Senf
175 ml Buttermilch
oder
175 g fettarmer Joghurt
1 TL Sonnenblumenöl

Zubereitungszeit: ca. 35 Minuten
Garzeit: ca. 25 Minuten

1 Für den Teig Mehl, Backpulver und eine Prise Salz in eine Rührschüssel sieben. In die Mitte eine Mulde drücken und Eigelb, Senf und Buttermilch oder Joghurt hineingeben. Das Ganze zu einem glatten, dicken Teig verrühren. 20 Minuten stehen lassen.

2 Eiweiß schaumig schlagen. Damit der Teig locker wird, zunächst nur einen Teil des Eischaums, dann den Rest unterziehen.

3 Eine antihaftbeschichtete Pfanne erhitzen und mit Öl ausreiben. 2 EL Teig in die Pfanne geben und den Pfannkuchen backen, bis die Unterseite goldbraun ist. Den Pfannkuchen wenden und backen, bis die zweite Seite ebenfalls goldbraun ist.

4 Die Pfannkuchen auf einen mit Küchenpapier ausgelegten Teller schichten und warm halten. Weitere Pfannkuchen backen. Bei Bedarf die Pfanne nochmals einfetten. In der Zwischenzeit den Grill vorheizen und die Tomaten mit Kräutern würzen.

5 Frühstücksspeck und Tomaten grillen, bis die Tomaten weich sind und der Frühstücksspeck golden und leicht knusprig ist. Die einzelnen Streifen wenden, wenn sie braun werden.

6 Zwischenzeitlich die Eier pochieren, bis das Eiweiß fest, das Eigelb aber noch flüssig ist. Dazu eine Bratpfanne zu einem Drittel mit Wasser füllen, 2 TL Essig zugeben und zum Köcheln bringen. Die Eier in getrennte Becher aufschlagen, in das köchelnde Wasser mit einem Löffel einen Strudel rühren, die Eier hineingleiten lassen und 3 Minuten sieden, nicht kochen lassen.

7 Eier, Frühstücksspeck, Tomaten und Pfannkuchen auf vorgewärmte Teller geben, würzen und servieren.

Würziges Rührei auf Toast

4 Portionen

4 dicke Scheiben Vollkornbrot
1 EL Butter
1 grüne Chilischote, entkernt und gewürfelt
2 TL Currypaste
1 Knoblauchzehe, zerdrückt
1 TL geriebener Ingwer
4 Frühlingszwiebeln, geschnitten
85 g Tomaten, enthäutet und gewürfelt
6 Eier
1 EL frischer geschnittener Koriander
1 TL Limettensaft
Salz
frisch gemahlener Pfeffer
4 EL fettarmer Joghurt, nach Belieben

Zubereitungszeit: ca. 15 Minuten
Garzeit: ca. 10 Minuten

1 Das Brot toasten und warmhalten.

2 Die Butter in einer beschichteten Bratpfanne zerlassen und die Chilischote, die Currypaste, den Knoblauch, Ingwer und die Frühlingszwiebeln zugeben. Ein paar Frühlingszwiebelröllchen zum Garnieren beiseitestellen. Das Gemüse auf kleiner Flamme 5 Minuten glasig dünsten. Die Tomaten zugeben und 1 Minute dünsten.

3 Die Eier mit dem Koriander, dem Limonensaft sowie einer Prise Salz und Pfeffer schlagen. Die Masse in die Pfanne geben und bei niedriger Hitze unter Rühren braten, bis sie fest ist.

4 Die Toasts auf Teller legen, mit den Curryeiern belegen und mit den Frühlingszwiebeln garnieren. Nach Belieben noch etwas Joghurt darauf geben.

Himmlische Engelsbrötchen

12 Brötchen

1 Päckchen Trockenhefe
2 EL Zucker
85 ml lauwarmes Wasser
350 g Weizenmehl
1 EL Backpulver
1 TL Salz
½ TL Natron
5 EL kalte Margarine,
in Stücke geschnitten
190 ml fettarme Buttermilch

Zubereitungszeit: ca. 25 Minuten
Ruhezeit: ca. 45 Minuten
Backzeit: ca. 15 Minuten

1 Ofen auf 200 °C vorheizen. Hefe und 1 TL Zucker auf das Wasser streuen. Umrühren und 5 Minuten stehen lassen.

2 In einer großen Schüssel Mehl, restlichen Zucker, Backpulver, Salz und Natron mischen. Margarine mit einem Teigmischer oder 2 Gabeln einarbeiten, bis Brösel entstehen. Hefemischung und Buttermilch zugießen. Mit der Gabel kurz zu einem weichen Teig verrühren. Mit Kunststofffolie zudecken und 30 Minuten ruhen lassen.

3 Die Arbeitsfläche leicht bemehlen. Teig darauf 30 Sekunden kneten. Zu einer 2 cm hohen Platte formen. 5 Minuten ruhen lassen. Mit einem bemehlten 6-cm-Ausstecher möglichst viele Brötchen ausstechen. Reste leicht verkneten. 5 Minuten ruhen lassen, flach drücken und nochmals Brötchen ausstechen. Insgesamt benötigen Sie 12 Stück.

4 Brötchen mit 3 cm Abstand auf das Blech setzen, 15 Minuten ruhen lassen. 15 Minuten goldgelb backen. Warm servieren.

Knusprige Kartoffelbrötchen

12 Brötchen

1 große Süßkartoffel (ca. 340 g)
2 Schalotten,
in dünne Scheiben geschnitten
350 – 400 g Mehl
3 EL fettarmes Milchpulver
2 EL brauner Zucker
1 Päckchen Trockenhefe (7 g)
1 ½ TL Salz
120 ml warmes Wasser (28 – 33 °C)
2 EL Olivenöl
3 EL fettarme Milch

Zubereitungszeit: ca. 20 Minuten
Ruhezeit: ca. 90 Minuten
Backzeit: ca. 90 Minuten

1 Den Backofen auf 220 °C vorheizen. Die Süßkartoffel etwa 1 Stunde darin backen. Danach herausnehmen, abkühlen lassen, schälen und in eine große Schüssel geben. Mit dem Kartoffelstampfer zu feinem Brei zerdrücken. Die Schalottenscheibchen daruntermischen.

2 350 g Mehl, Milchpulver, Zucker, Hefe und Salz dazurühren. Das warme Wasser und das Olivenöl zugeben und alles gut verrühren. Auf einer bemehlten Arbeitsfläche den Teig durchkneten und – falls nötig – noch etwas Mehl unterkneten, bis der Teig nicht mehr klebrig ist.

3 Den Teig in eine Schüssel geben, mit einem Tuch bedecken und an einem warmen Ort etwa 45 Minuten ruhen lassen, bis er doppelt so groß geworden ist. Danach den Teig noch einmal durchkneten und weitere 45 Minuten aufgehen lassen.

4 Den Teig in 12 gleich große Stücke teilen und zu kleinen Brötchen formen. Auf ein mit Backpapier belegtes Backblech setzen und etwa 15 Minuten mit einem Tuch bedeckt aufgehen lassen.

5 Jetzt den Backofen auf 175 °C vorheizen. Die Brötchen mit Milch bestreichen und etwa 30 Minuten goldbraun backen. Klingen sie beim Beklopfen leicht hohl, dann sind sie fertig gebacken. Vor dem Servieren etwa 15 Minuten abkühlen lassen.

Sauerteigzopf

2 Zöpfe

Vorteig
140 g Mehl Type 405
1 TL Trockenhefe
125 ml warmes Wasser (28–33 °C)

Teig
420 g Mehl Type 405
2 TL Salz
1 TL Trockenhefe
375 ml warmes Wasser (28–33 °C)
140 g Weizenvollkornmehl
2 EL Maismehl oder Grieß

Zubereitungszeit: ca. 20 Minuten
Ruhezeit: ca. 90 Minuten
Backzeit: ca. 40 Minuten

1 Für den Vorteig Mehl und Hefe in einer Schüssel mischen. Wasser einrühren. Mit dem Mixer bei mittlerer Geschwindigkeit 4 Minuten glatt rühren. Mit einem feuchten Tuch bedeckt bei Zimmertemperatur mindestens 30 Minuten, maximal über Nacht gehen lassen.

2 Für den Teig 210 g Mehl mit Salz, Hefe und Vorteig in einer Schüssel mischen. Wasser einrühren. Vollkornmehl und 175 g normales Mehl einrühren. Zu einem glatten Teig verarbeiten. 4 Minuten kräftig rühren. Arbeitsfläche mit restlichem Mehl bestreuen. Teig etwa 8 Minuten kneten, bis er weich und elastisch ist. In vier gleich große Stücke teilen. Zugedeckt 30 Minuten gehen lassen.

3 Backblech mit Backpapier auslegen und leicht mit Mehl bestäuben. Jedes Teigstück zu einem 30 cm langen Strang rollen. Aus zwei Strängen jeweils einen Zopf drehen. Zöpfe mit 10 cm Abstand nebeneinander auf das Backblech setzen. Zugedeckt etwa 30 Minuten zu doppelter Größe aufgehen lassen. Mit Maismehl bestreuen.

4 Inzwischen Backofen auf 230 °C vorheizen. Eine schwere ofenfeste Pfanne auf die unterste Schiene stellen. Einen Rost direkt darüber einschieben. Ist der Ofen heiß, die Pfanne mit Wasser füllen und den Ofen sofort schließen. 1 Minute warten, dann Brot in den Ofen schieben. Hitze auf 95 °C senken. Zöpfe etwa 40 Minuten backen, bis sie gebräunt sind und hohl klingen, wenn man auf die Unterseite klopft. Auf einem Gitter abkühlen lassen, dann anschneiden und servieren.

Süßer Hefezopf mit Safran

6 Portionen

500 g Weizenmehl Type 1050,
mehr zum Arbeiten
3 Tütchen gemahlener Safran (je 0,1 g)
40 g Zucker
1 Würfel Hefe (42 g)
350 ml lauwarme Milch
50 g flüssige Butter, abgekühlt
abgeriebene Schale von
1 unbehandelten Orange
3 EL Sahne
2 EL Puderzucker
30 g Mandelstifte

Zubereitungszeit: ca. 30 Minuten
Ruhezeit: ca. 90 Minuten
Backzeit: ca. 30–40 Minuten

1 Mehl, Safran und Zucker in einer Schüssel mischen. Die Hefe zerbröckeln und in der Milch auflösen. Hefemilch und Butter zur Mehlmischung geben. Alles mit den Knethaken des elektrischen Handrührgeräts oder in der Küchenmaschine gründlich verkneten. Zugedeckt an einem warmen Ort 30 Minuten gehen lassen.

2 Teig auf einer bemehlten Arbeitsfläche 5 Minuten mit den Händen kräftig kneten und schlagen, dabei die Orangenschale einarbeiten. Zugedeckt noch 30 Minuten gehen lassen. Backofen auf 180 °C vorheizen, Backblech mit Backpapier belegen.

3 Den Teig erneut kräftig kneten, dann in 3 Stücke teilen. Jedes Teigstück zu einem Strang von etwa 35–40 cm Länge formen. Die Stränge locker zu einem Zopf flechten, die Enden gut zusammendrücken und knapp darunterschlagen.

4 Den Zopf auf das Backblech legen und zugedeckt 30 Minuten gehen lassen. Sahne und Puderzucker verrühren, den Zopf damit bestreichen und mit Mandelstiften bestreuen. Den Safranzopf in 30–40 Minuten goldbraun backen.

Eiweißomelett mit Gemüse-Cheddar-Füllung

1 Portion

3 Eiweiß
2 TL gehackter frischer Dill (nach Belieben)
Salz
frisch gemahlener Pfeffer
60 g frischer Spinat, in dünne Streifen geschnitten
1 Eiertomate, klein geschnitten
2 EL fettreduzierter Cheddar

Zubereitungszeit: ca. 10 Minuten

1 Eiweiß, 1 TL Wasser, Dill (nach Belieben), Salz und Pfeffer in einer Schüssel nicht ganz steif schlagen. Spinat, Tomate und Cheddar in einer zweiten Schüssel mischen.

2 Omelettpfanne oder kleine Pfanne dünn einfetten. 1 Minute auf mittlere Hitze bringen. Eimischung in die Pfanne gießen. Stocken lassen, bis sie unten fest wird. Rand mit einem ofenfesten Spatel anheben. Dabei den gekochten Teil zur Pfannenmitte schieben und den flüssigen Teil darunter laufen lassen. So lange garen, bis die Eier fast fest sind und die Unterseite leicht gebräunt ist.

3 Füllung auf Hälfte des Omeletts verteilen. 1,5 cm Rand frei lassen. 1 EL für die Garnierung zurücklegen. Omelett an dem Rand anheben, der in Griffnähe liegt, und knapp neben der Hälfte zusammenklappen, sodass noch etwas Füllung zu sehen ist.
2 Minuten garen. Omelett auf Teller gleiten lassen, mit restlicher Füllung garnieren.

Unser Tipp

Dieses Eiweißomelett eignet sich hervorragend für ein fett- und cholesterinarmes Frühstück. Aus 3 Eiweißen (ohne Eigelb) hergestellt, enthält es 97 % weniger Fett und 99 % weniger Cholesterin als ein entsprechendes Omelett mit 3 ganzen großen Eiern.

Sonntagsbrötchen mit Rosinen

16 Brötchen

100 g Rosinen
450 g Weizenmehl Type 1050, mehr zum Arbeiten
1 Päckchen Backpulver
1 EL Zucker
1 Prise Salz
2 Msp. gemahlener Kardamom
¼ TL gemahlener Zimt
1 gute Msp. gemahlener Kurkuma
abgeriebene Schale von ½ unbehandelten Orange
300 g Magerquark
75 ml fettarme Milch, evtl. mehr
1 Ei
50 ml Sonnenblumen- oder Rapsöl
Backpapier für das Backblech

Zubereitungszeit: ca. 25 Minuten
Backzeit: ca. 25 – 30 Minuten

1 Rosinen in warmem Wasser einweichen. Mehl und Backpulver in eine Schüssel sieben. Zucker, Salz, Gewürze, Orangenschale, Quark, 70 ml Milch, Ei und Öl zur Mehlmischung geben.

2 Alles mit den Knethaken des Handrührgeräts, danach mit den Händen zu einem glatten Teig verkneten. Falls der Teig klebrig ist, noch 1 – 2 EL Mehl unterkneten.

3 Rosinen abgießen und trocken tupfen; nach und nach unter den Teig kneten. Den Backofen auf 180 °C vorheizen, ein Backblech mit Backpapier belegen.

4 Den Teig in 16 Portionen teilen; jede mit bemehlten Händen zu einem runden Brötchen formen. Die Brötchen auf das Blech setzen, sternförmig einschneiden und mit der restlichen Milch bestreichen.

5 Brötchen in 25 – 30 Minuten goldbraun backen. Anschließend auf dem Kuchengitter etwas abkühlen lassen. Lauwarm mit Quark und Konfitüre servieren.

Eier in Förmchen mit Pilzen und Paprika

4 Portionen

20 g Butter in Stückchen, mehr für die Förmchen
1 kleine Zwiebel
5 große Champignons
50 g bunte geröstete Paprika in Öl (aus dem Glas)
2 EL Einlegöl von den Paprikaschoten
Salz
frisch gemahlener Pfeffer
4 Eier

Zubereitungszeit: ca. 30 Minuten

1 Den Backofen auf 190 °C vorheizen. Vier Mini-Einmachgläschen (je 140 ml Inhalt) großzügig mit Butter ausfetten. Reichlich Wasser in einem Topf aufkochen lassen.

2 Die Zwiebel schälen und sehr fein würfeln. Die Champignons mit Küchenpapier abreiben, dann putzen und sehr klein würfeln. Die Paprikastücke mit einer Gabel aus dem Glas nehmen; über dem Glas abtropfen lassen, dann ebenfalls sehr klein würfeln.

3 Das Paprikaöl in einer Pfanne bei mittlerer Hitze heiß werden lassen. Zwiebel, Champignons und Paprika darin unter Rühren 5 Minuten dünsten, bis die Flüssigkeit verdampft ist; salzen und pfeffern.

4 Die Pilzmischung auf die Gläschen verteilen. Je ein Ei daraufschlagen; salzen und mit Butterstückchen belegen.

5 Die Gläschen mit den Deckeln nur lose schließen und in eine große hohe Auflaufform stellen. Die Form in den Ofen schieben und so viel heißes Wasser hineingießen, dass die Gläschen zu einem Drittel hoch darin stehen.

6 Die Eier in etwa 15 Minuten stocken lassen. Die Gläschen aus dem Ofen nehmen und die Eier im Förmchen sofort servieren.

Gerichte für den kleinen Hunger

Teigtaschen mit Lachs-Fenchel-Füllung

12 Stück

250 g Mehl, mehr zum Arbeiten
2 TL Trockenhefe
½ TL Kräutersalz
40 g zerlassene Butter, mehr zum Bestreichen
½ Fenchelknolle mit Grün
200 g Lachsfilet, fein gehackt
1 Bund Dill, Spitzen gehackt
½ TL Fenchelsamen, leicht zerstoßen
50 g saure Sahne
1 Ei, mehr zum Bestreichen
1 – 2 TL Zitronensaft
1 TL milder Senf
Salz
frisch gemahlener Pfeffer

Zubereitungszeit: ca. 30 Minuten
Ruhezeit: ca. 60 Minuten
Backzeit: ca. 25 Minuten

1 Mehl und Hefe in einer Schüssel mischen. Etwa 100 ml lauwarmes Wasser, Kräutersalz und Butter zugeben. Alles von Hand oder mit den Knethaken des Handrührgeräts verkneten. Dann zudecken und 1 Stunde ruhen lassen.

2 Fenchel mit Grün fein hacken und in eine Schüssel geben. Lachs, Dill, Fenchelsamen, saure Sahne und das Ei zufügen. Alles gut miteinander verrühren. Mit Zitronensaft, Senf, Salz und Pfeffer würzen.

3 Den Hefeteig kräftig durchkneten, bis er weich und elastisch ist. Falls nötig, noch etwas Mehl oder noch etwas Wasser zugeben. Auf einer bemehlten Arbeitsfläche dünn ausrollen. Aus dem Teig 24 Kreise mit 10 cm Ø ausstechen.

4 Backofen auf 180 °C vorheizen. In die Mitte von 12 Kreisen etwas Lachsfüllung geben. Die Ränder mit verquirltem Ei bestreichen und die Teigkreise mit jeweils einem der übrigen Kreise bedecken. Mit einer Gabel rundherum zusammendrücken.

5 Die Teigtaschen mit Butter bestreichen. Im Ofen etwa 25 Minuten backen. Am besten schmecken die Taschen lauwarm.

Kichererbsen-Gemüse-Eggah

4 Portionen

3 EL natives Olivenöl extra
1 kleine Zwiebel, gehackt
1 Knoblauchzehe, zerdrückt
1 TL gemahlener Kreuzkümmel
1 TL gemahlener Koriander
1 Prise Cayennepfeffer
250 g neue Kartoffeln, geputzt und in 1 cm große Würfel geschnitten
1 kleine rote Paprika, entkernt und gewürfelt
2 kleine Auberginen (ca. 200 g), in 1 cm große Würfel geschnitten
1 Dose Kichererbsen (ca. 400 g), abgetropft und abgespült
6 Eier
2 EL frisch gehackte Korianderblätter
Salz
frisch gemahlener Pfeffer

Zubereitungszeit: ca. 10 Minuten
Garzeit: ca. 20 Minuten

1 In einer beschichteten Pfanne (25 cm Ø) mit backofengeeignetem Griff 1 EL Öl erhitzen. Die Zwiebel zufügen und 2–3 Minuten braten, bis sie weich wird. Dann Knoblauch, Kreuzkümmel, gemahlenen Koriander und Cayennepfeffer zugeben und 1 Minute unter Rühren erhitzen.

2 1 EL Öl in die Pfanne geben. Dann Kartoffeln, Paprika und Aubergine zugeben. Das Gemüse 5 Minuten unter Rühren braten, bis es rundum leicht gebräunt ist.

3 Nun 4 EL Wasser zugeben. Die Pfanne abdecken und das Gemüse 5 Minuten dämpfen. Dann den Deckel entfernen und alles so lange weiterkochen, bis die gesamte Flüssigkeit verdampft ist. Anschließend die Kichererbsen einrühren.

4 Die Eier in einer großen Schüssel verquirlen. Den gehackten Koriander zufügen und die Eimischung mit Salz und Pfeffer würzen. Anschließend das Gemüse aus der Pfanne unterrühren.

5 Den Backofengrill auf höchste Stufe vorheizen. Das restliche Öl bei mittlerer Hitze in der Pfanne erhitzen. Die Eimischung mit dem Gemüse hineingeben und gleichmäßig in der Pfanne verteilen. Den Eggah 3–4 Minuten unter gelegentlichem Rütteln der Pfanne braten, bis die Eimasse fast vollständig gestockt ist. Nur an der Oberfläche sollte das Ei noch leicht flüssig sein.

6 Die Pfanne in den Backofen geben und den Eggah ca. 2 Minuten unter dem vorgeheizten Grill fertig garen, bis die Eimasse ganz gestockt ist. Den fertigen Eggah auf eine Servierplatte gleiten lassen, aufschneiden und noch heiß oder kalt servieren.

Mini-Pfannkuchen mit Frischkäsecreme

4 Portionen

2 Eier
3 EL Zucker
150 g Schmand
3 EL Mehl
1 Päckchen Vanillezucker
1 Messerspitze Salz
150 g körniger Frischkäse
40 g Puderzucker
2 EL Orangensaft, mehr nach Bedarf
abgeriebene Schale von
1 unbehandelten Orange
1 EL Butterschmalz, mehr nach Bedarf
4 EL rote oder gelbe Konfitüre

Zubereitungszeit: ca. 20 Minuten

1 Die Eier trennen. Die Eiweiße mit dem Zucker steif schlagen. Die Eigelbe mit 100 g Schmand, dem Mehl, dem Vanillezucker und dem Salz verrühren. Den Eischnee unter die Eigelbmischung heben.

2 Den Frischkäse gut abtropfen lassen. Mit dem restlichen Schmand (50 g), dem Puderzucker sowie Orangensaft und -schale cremig rühren.

3 In einer großen Pfanne das Butterschmalz erhitzen. Die Hälfte des Teigs esslöffelweise hineingeben und die Pfannküchlein bei mittlerer Hitze auf jeder Seite 1 Minute backen. Aus der Pfanne nehmen. Aus dem restlichen Teig weitere Pfannküchlein backen.

4 Die Konfitüre cremig rühren; falls nötig, etwas Orangensaft dazugeben. Zum Servieren je 3 Küchlein mit Frischkäsecreme aufeinanderschichten, die Türmchen mit etwas Konfitüre beträufeln und sofort servieren.

Clever vorbereiten

Die Pfannküchlein am Vortag backen, im Kühlschrank aufbewahren und im heißen Ofen warm werden lassen. Oder: Gleich die doppelte Menge an Pfannküchlein backen und einen Teil davon einfrieren.

Mais-Käse-Waffeln

4 Portionen

1 kleine Dose Mais
(Abtropfgewicht 140 g)
130 g Butter
130 g Mehl
130 g Polenta (Maisgrieß)
Salz
2 Eier
130 g geriebener Cheddar
oder Gouda
Butter für das Waffeleisen

Zubereitungszeit: ca. 30 Minuten

1 325 ml Wasser aufkochen. Den Mais in ein Sieb schütten und gut abtropfen lassen. Das heiße Wasser in eine Rührschüssel gießen und die Butter darin schmelzen lassen.

2 Mehl und Polenta mit ½ – 1 TL Salz mischen; mit einem Schneebesen in das Butter-Wasser rühren. Die Eier aufschlagen und gründlich unter die Masse schlagen, dann den Käse und den Mais untermischen.

3 Den Backofen auf 100 °C und das Waffeleisen auf höchster Stufe vorheizen, die Heizflächen des Waffeleisens dünn fetten.

4 Zwei kleine Schöpfkellen Teig auf die untere Heizfläche geben, das Waffeleisen schließen und die Waffel darin in etwa 2 Minuten goldbraun backen.

5 Die restlichen Waffeln genauso backen. Die gebackenen Waffeln im Ofen warmstellen.

Minibrötchen mit Mozzarellafüllung

Für 1 Backblech

Für den Brötchenteig
400 g Weizenmehl Type 550
1 Päckchen Trockenhefe
Salz
½ TL Zucker

Für die Füllung
2 große Liebstöckelblätter
125 g Mozzarella
frisch gemahlener Pfeffer

Arbeitszeit: ca. 20 Minuten
Backzeit: ca. 30 Minuten

1 Den Backofen nicht (!) vorheizen. Das Backblech mit Backpapier belegen. Das Mehl mit Hefe, 1 TL Salz und Zucker mischen. 250 ml lauwarmes Wasser dazugießen und alles zu einem glatten Teig verkneten.

2 Liebstöckel in feine Streifen schneiden. Den Mozzarella sehr fein würfeln und in einem Sieb abtropfen lassen.

3 Den Hefeteig in 16 Portionen teilen und jede zu einer Kugel rollen. Liebstöckel und Mozzarella mischen; salzen und pfeffern. In die Kugeln jeweils eine Mulde drücken, 1 TL von der Liebstöckel-Mozzarella-Mischung hineingeben und den Teig darüber wieder sorgfältig verschließen.

4 Die Teigkugeln auf das Backblech setzen und behutsam flach drücken. Das Blech in den kalten Ofen schieben und die Ofentemperatur auf 200 °C einstellen. Sobald diese Temperatur erreicht ist, die Brötchen in 30 Minuten fertigbacken.

Unser Tipp
Die Mozzarellamischung ganz weglassen. Stattdessen 2 EL gehackten Bärlauch und ½ TL edelsüßes Paprikapulver unter den Teig kneten. Aus dem Teig ca. 16 Brötchen formen und wie beschrieben backen.

Mini-Spinatpizza mit Wachtelei

4 Stück

70 g Magerquark
Salz
1 EL Olivenöl
1 Ei
100 g Dinkelmehl Type 630 oder Weizenmehl Type 550
1 TL Backpulver
300 g Blattspinat
1 kleine Zwiebel
1 Knoblauchzehe
1 EL Butter
frisch gemahlener Pfeffer
frisch geriebene Muskatnuss
125 g Mozzarella
4 Wachteleier

Zubereitungszeit: ca. 45 Minuten
Backzeit: ca. 20 Minuten

1 Den Quark mit einer Prise Salz, dem Öl, dem Ei, dem Mehl und dem Backpulver zu einem glatten Teig verarbeiten. Zugedeckt 30 Minuten kühl ruhen lassen.

2 Spinat verlesen und waschen. Tropfnass in einen Topf geben und bei mittlerer Hitze zusammenfallen lassen. In einem Sieb abtropfen lassen, ausdrücken und hacken.

3 Zwiebel und Knoblauch schälen. Die Zwiebel fein würfeln und in der Butter glasig dünsten. Den Knoblauch dazupressen. Den Spinat hinzufügen. Alles mit Salz, Pfeffer und Muskat würzen; einige Minuten dünsten, dann abkühlen lassen. Den Mozzarella in Würfel schneiden.

4 Den Backofen auf 180 °C vorheizen. Ein Backblech mit Backpapier belegen. Den Teig auf einer bemehlten Arbeitsfläche kneten und in vier gleich große Stücke teilen. Diese mit dem bemehlten Nudelholz zu runden Pizzaböden ausrollen. Auf das Backblech legen und jeweils einen Rand formen.

5 Spinat und Mozzarella auf den Böden verteilen. In die Mitte eine Vertiefung drücken, jeweils ein aufgeschlagenes Wachtelei hineingleiten lassen und mit wenig Salz würzen. Die Pizzas im heißen Ofen etwa 20 Minuten backen. Herausnehmen und nach Belieben einen Tomatensalat dazu reichen.

Pizzabrot mit Chili oder Rosmarin

12 Stück

750 g Mehl
1 ½ TL Salz
1 Päckchen Trockenhefe
200 ml Milch
1 EL Olivenöl
sowie etwas Öl zum Einfetten

Zum Bestreuen
1 ½ TL Olivenöl
etwa ½ TL grobes Meersalz
eine Prise getrocknete Chiliflocken
oder
frischer Rosmarin, fein gehackt

Zubereitungszeit: ca. 15 Minuten
Ruhezeit: ca. 90 Minuten
Backzeit: ca. 30 – 40 Minuten

1 Mehl und Salz in eine Rührschüssel sieben, Trockenhefe zufügen und alles vermischen. Gut 200 ml lauwarmes Wasser, Milch und Olivenöl in eine Vertiefung in der Mitte gießen und alles zu einem Teig verrühren. Dann so lange kneten, bis sich der Teig zu einer Kugel formen lässt und nicht mehr am Rand kleben bleibt.

2 Den Teig auf einer leicht bemehlten Arbeitsfläche 5 Minuten kneten, bis er geschmeidig ist und Blasen wirft.

3 Eine saubere Schüssel mit etwas Öl einfetten. Die Teigkugel darin hin und her rollen, bis sie überall mit einer dünnen Schicht Öl überzogen ist. Die Schüssel mit Klarsichtfolie bedecken und den Teig an einem warmen Ort etwa 90 Minuten gehen lassen, bis sich sein Volumen verdoppelt hat.

4 Den Backofen auf 230 °C vorheizen und ein gefettetes Backblech hineinschieben. Den Teig auf einer bemehlten Arbeitsfläche noch einmal durchkneten und zu 3 gleich großen Kugeln formen.

5 Eine Kugel etwa 1 cm dick rund ausrollen, mit Öl einstreichen und Meersalz und Chiliflocken bzw. Rosmarin darüberstreuen. Mit einem scharfen Messer kreuzweise einkerben, sodass sich das Pizzabrot nach dem Backen leicht in Viertel brechen lässt.

6 Den ausgerollten Teig auf das heiße Backblech legen und auf der mittleren Schiene 15 – 20 Minuten knusprig und goldbraun backen. Die drei Pizzabrote nacheinander backen.

7 Das Pizzabrot in 4 Teile brechen und warm servieren. Oder zunächst ganz lassen und später am Tag servieren.

Dreierlei indische Chapatis

16 Stück

425 g Chapati-Mehl sowie eine kleine Menge zum Bestäuben
1 TL Salz
2 EL Sonnenblumenöl

Für Chili-Chapatis:
1 grüne Chilischote, entkernt und fein gehackt
1 rote Chilischote, entkernt und fein gehackt
1 Prise Cayennepfeffer
3 Knoblauchzehen, zerdrückt

Für Spinat-Chapatis:
1 grüne Chilischote, entkernt und fein gehackt
2 TL Knoblauchpaste
oder
2 große Knoblauchzehen, zerdrückt
1 TL Ingwer, fein gerieben
250 g Blattspinat, fein gehackt
½ TL Cayennepfeffer

Zubereitungszeit: ca. 20 Minuten
Ruhezeit: ca. 30 Minuten
Backzeit: ca. 30 Minuten

1 Für einfache Chapatis Mehl und Salz in eine große Schüssel sieben. Das Öl zufügen und einarbeiten, dann nach und nach 250 ml lauwarmes Wasser zugießen und zu einem weichen Teig verrühren.

2 Den Teig auf einer leicht bemehlten Arbeitsfläche 4–5 Minuten kneten, bis alle überschüssige Feuchtigkeit aufgenommen ist. Falls der Teig zu klebrig ist, noch etwas Mehl zufügen. Mit einem feuchten Tuch zudecken und 30 Minuten ruhen lassen.

3 In der Zwischenzeit ein großes Stück Aluminiumfolie mit Küchenpapier belegen, um die Chapatis darin nach dem Backen warm zu halten.

4 Den Teig halbieren und jede Hälfte zu acht gleich großen Bällchen formen. Mit einem sauberen Tuch bedecken, damit sie nicht austrocknen.

5 Eine beschichtete Bratpfanne auf mittlerer Stufe erhitzen. In der Zwischenzeit ein Teigbällchen zwischen den Händen flach drücken, leicht mit Mehl bestäuben und dann auf eine Größe von 15 cm Ø ausrollen.

6 Den Teig in die heiße Pfanne geben und ohne Öl 30 Sekunden backen, dann wenden und weiterbacken, bis an der Oberfläche Blasen erscheinen. Erneut wenden und den Rand leicht herunterdrücken, damit das Chapati besser aufgeht. So lange weiterbacken, bis die Unterseite gebräunt ist. Das fertige Chapati in die Aluminiumfolie wickeln und die restlichen Chapatis auf dieselbe Art zubereiten.

Haferlaibchen

4 Portionen

225 g Weißmehl sowie eine kleine Menge zum Bestreuen
1 Päckchen Backpulver
¼ TL Salz
25 g Haferflocken sowie 1 EL zum Bestreuen
30 g Butter, gewürfelt
125 ml fettarme Milch sowie ½ EL zum Einstreichen

Zubereitungszeit: ca. 10 Minuten
Backzeit: ca. 15–20 Minuten

1 Den Backofen auf 220 °C vorheizen und ein Backblech mit Mehl bestäuben.

2 Mehl, Backpulver und Salz in eine große Rührschüssel sieben und die Haferflocken einrühren. Die Butter zufügen und mit den Fingerspitzen zu einem krümeligen Teig verarbeiten.

3 Nach und nach so viel Milch einrühren, dass ein weicher, aber nicht klebriger Teig entsteht.

4 Den Teig auf einer bemehlten Arbeitsfläche leicht kneten, bis er geschmeidig ist. Rund auf eine Größe von etwa 14 cm Durchmesser ausrollen. Mit einem kleinen scharfen Messer kreuzweise einkerben, dann auf das vorbereitete Backblech legen. Mit etwas Milch bestreichen und 1 EL Haferflocken darüber streuen.

5 15–20 Minuten backen, bis das Brot gut aufgegangen und goldbraun ist. Auf einem Drahtgitter etwas abkühlen lassen. Warm und, falls gewünscht, mit etwas Konfitüre servieren.

Saftiges Bananenbrot

1 Brot

2 Päckchen Trockenhefe
150 g Vollkornmehl
150 g Weizenmehl
1 ½ TL Piment
1 TL Zimtpulver
60 g weißer oder brauner Zucker
4 reife Bananen
1 Ei und 1 Eiweiß,
zusammen verquirlt
Pflanzenöl zum Einfetten

Zubereitungszeit: ca. 20 Minuten
Ruhezeit: ca. 2 Stunden 45 Minuten
Backzeit: ca. 40 Minuten

1 Die Trockenhefe zum Vollkornmehl und Mehl geben und mit Piment, Zimt und Zucker in eine Rührschüssel sieben; auch eventuell im Sieb verbliebene grobe Mehlteilchen zufügen.

2 Die Bananen zu einem weichen Brei zerdrücken und dann mit Ei und Eiweiß unter das Mehl rühren. 75 ml lauwarmes Wasser in eine Vertiefung in der Mitte gießen und alles zu einem Teig verrühren. Falls er klebt, noch etwas Mehl zufügen.

3 Den Teig auf einer leicht bemehlten Arbeitsfläche etwa 5 Minuten kneten, bis er geschmeidig ist und Blasen wirft.

4 Eine Schüssel mit etwas Öl einfetten. Den Teig zur Kugel formen und darin hin und her rollen, bis er überall dünn mit Öl überzogen ist. Die Schüssel mit Klarsichtfolie bedecken und den Teig an einem warmen Ort etwa 2 Stunden gehen lassen, bis sich sein Volumen verdoppelt hat. In der Zwischenzeit eine Kastenform von etwa 19 x 12 x 9 cm Größe einfetten und beiseitestellen.

5 Den Teig auf einer leicht bemehlten Arbeitsfläche nochmals 1–2 Minuten kräftig durchkneten, dann zu einer länglichen Form rollen und in die Kastenform geben. Locker mit Klarsichtfolie abdecken und etwa 45 Minuten gehen lassen, bis der Teig bis zum oberen Rand der Form aufgegangen ist. Den Backofen auf 200 °C vorheizen.

6 Das Bananenbrot etwa 40 Minuten backen, bis er gebräunt ist. Er ist gar, wenn an einem Holzstäbchen, das man hineinsticht, beim Herausziehen kein Teig mehr kleben bleibt. Die Form auf ein Kuchengitter stellen und nach 20 Minuten das Backwerk herausnehmen. Mit einem Aufstrich nach Wahl servieren.

Kräuter-Käse-Brot

8 Portionen

1 Beutel Trockenhefe
1 Prise Zucker
500 g Vollkornweizenmehl
2 EL gehackter frischer Schnittlauch
2 EL gehackte frische Oreganoblätter
2 EL gehackte frische Thymianblätter
75 g würziger Hartkäse, fein gerieben
Öl zum Einfetten

Zubereitungszeit: ca. 30 Minuten
Ruhezeit: ca. 1 Stunde 25 Minuten
Backzeit: ca. 35 Minuten

1 Hefe und Zucker mit 375 ml lauwarmem Wasser in einem Krug oder einer Schüssel verrühren. 10 Minuten stehen lassen, bis die Hefe schäumt. Mehl und Kräuter in eine große Schüssel geben, durchmischen und eine Mulde in die Mitte drücken.

2 Das Hefewasser in die Mulde gießen und das Mehl von außen nach innen einarbeiten. Dabei erst mit dem Holzkochlöffel, dann mit den Händen arbeiten, bis die Zutaten gleichmäßig vermengt sind. Die Masse auf der leicht bemehlten Arbeitsfläche in ca. 10 Minuten zu einem geschmeidigen, elastischen Teig kneten.

3 Den Teig in eine große, geölte Schüssel klegen und mit Frischhaltefolie abdecken. An einem zuggeschützten Ort 45 Minuten gehen lassen, bis sich das Teigvolumen verdoppelt hat.

4 Den Teig zusammenschlagen und nochmals kurz kneten. Zu einem 40 x 28 cm großen Rechteck ausrollen. Den Käse darauf verteilen. Von der kurzen Seite aufrollen und mit der Naht nach unten auf ein leicht geöltes Backblech legen. Mit einem sauberen Küchentuch abdecken und 30 Minuten an einen warmen Ort stellen, bis der Teig gegangen ist. Den Ofen auf 200 °C vorheizen.

5 Den Teig mit Wasser bestreichen und mit einem scharfen Messer diagonal einritzen. 35 Minuten backen, bis die Kruste goldbraun ist und das Brot beim Anklopfen auf der Unterseite hohl klingt.

Mit Ahornsirup gesüßtes Walnussbrot

8 Portionen

380 g Mehl Type 405
½ TL Backpulver
80 g Margarine
250 ml Ahornsirup
1 Ei, leicht verquirlt
160 ml fettfreie Kondensmilch
1 TL Vanilleessenz
50 g Walnüsse, geröstet und gehackt

Zubereitungszeit: ca. 15 Minuten
Backzeit: ca. 50 Minuten

1 Backofen auf 180 °C vorheizen. Eine Kastenform (23 x 12,5 cm) leicht einfetten. Mehl in eine Schüssel geben und in die Mitte eine Vertiefung drücken.

2 Margarine in einer mittelgroßen Schüssel mit einem Holzlöffel kräftig rühren, bis sie cremig wird. Ahornsirup untermischen. Ei, dann Milch und Vanille unterrühren. Mischung in die Mehlmulde gießen und rühren, bis kein Mehl mehr zu sehen ist (nicht zu stark rühren; einige Klümpchen dürfen bleiben). Walnüsse unterheben.

3 Den Teig mit einem Schaber in die Kastenform füllen. Etwa 50 Minuten goldbraun backen. Zur Garprobe einen Zahnstocher in die Mitte stechen. Bleiben feuchte Krümel haften, ist das Brot fertig. Sollte es zu schnell bräunen, während der letzten 15 Minuten locker mit Alufolie abdecken (glänzende Seite nach oben).

4 Brot in der Kastenform 10 Minuten abkühlen lassen. Herausnehmen und auf dem Gitter ganz auskühlen lassen.

Unser Tipp

Reiner Ahornsirup wird aus dem Saft des Ahornbaums durch ein bestimmtes Zapfsystem gewonnen. Für dieses Brot sollten Sie einen möglichst hochwertigen Sirup verwenden, denn seine Qualität ist ausschlaggebend für den Geschmack des Brotes.

Schnelles Apfelbrot

1 Brot

100 g Dörrpflaumen,
möglichst ungeschwefelt, entsteint
und in Stücke geschnitten
400 g säuerliche Äpfel (z.B. Boskoop)
mit Schale, grob gerieben
60 g brauner Zucker
100 g Walnusskerne
2 EL Rum
½ TL gemahlener Zimt
1 Prise Salz
½ TL abgeriebene Schale von
1 unbehandelten Zitrone
250 g Weizenmehl Type 1050
1 TL Kakaopulver
½ Päckchen Backpulver

Zubereitungszeit: ca. 40 Minuten
Backzeit: ca. 50–60 Minuten

1 Die Dörrpflaumen mit kochendem Wasser übergießen, 15 Minuten quellen lassen, dann abgießen. Äpfel, Zucker, Walnüsse, Rum, Zimt sowie eine Prise Salz und die Zitronenschale in eine Schüssel geben. Alles vermischen und zugedeckt über Nacht im Kühlschrank durchziehen lassen.

2 Den Backofen auf 200 °C vorheizen, ein Backblech mit Backpapier auslegen. Eine ofenfeste flache Schale mit kochend heißem Wasser auf den Ofenboden stellen.

3 Das Mehl mit dem Kakaopulver und dem Backpulver sieben und unter die Apfelmasse mischen. Alles gründlich verkneten und zu einem runden Laib formen. Das Apfelbrot auf das Blech legen, 50–60 Minuten backen. Zwischendurch zwei- bis dreimal mit Wasser bestreichen. Das fertige Apfelbrot aus dem Ofen nehmen und auf einem Kuchengitter abkühlen lassen.

Unser Tipp

Wickeln Sie das Brot nach dem Auskühlen fest in Alufolie, so hält es sich bis zu 4 Tage frisch.

Kräuter-Focaccia mit getrockneten Tomaten

2 Stück

700 g Weizenmehl Type 1050, mehr zum Arbeiten
1 Würfel frische Hefe
1 EL Salz
4 EL Olivenöl
1 TL Thymianblätter, fein gehackt
1 TL Rosmarinblätter, fein gehackt
8 getrocknete, in Öl eingelegte Tomaten
1 EL getrockneter Oregano

Zubereitungszeit: ca. 30 Minuten
Ruhezeit: ca. 90 Minuten
Backzeit: ca. 25–30 Minuten

1 Das Mehl in eine Schüssel sieben. Hefe dazubröckeln; Salz, Olivenöl sowie 350 ml lauwarmes Wasser zugeben und alles verkneten. Den Teig zugedeckt an einem warmen Ort 30 Minuten gehen lassen.

2 Tomaten abtropfen lassen, mit Küchenpapier abtupfen und fein hacken. Den Teig auf einer bemehlten Arbeitsfläche kräftig kneten, nach und nach Kräuter und Tomaten unterkneten. Dabei nur so viel Mehl zugeben, dass der Teig nicht mehr klebt. Weitere 30 Minuten gehen lassen.

3 Den Backofen auf 225 °C vorheizen, ein Backblech mit Backpapier belegen. Den Teig in 2 Stücke teilen, jedes zu einem ovalen Fladen formen. Auf das Backblech legen; mit einer Gabel mehrmals einstechen und die Fladen zugedeckt 30 Minuten gehen lassen. Anschließend im heißen Ofen in 25–30 Minuten goldbraun backen.

Käse-Vollkorn-Scones

8 Scones

120 g Weißmehl
80 g Vollkornmehl
30 g Haferkleie
2 EL Zucker
¾ TL Cayennepfeffer
¾ TL Salz
½ TL Backnatron
2 EL Olivenöl
1 EL körniger Senf
30 g geriebener, fettarmer Cheddar oder Gouda
3 Frühlingszwiebeln, in feine Ringe geschnitten
200 g fettarmer Joghurt

Zubereitungszeit: ca. 15 Minuten
Backzeit: ca. 30 Minuten

1 Den Backofen auf 200 °C vorheizen. Ein großes Backblech mit Backpapier auslegen.

2 Weißmehl, Vollkornmehl, Haferkleie, Zucker, Backpulver, Cayennepfeffer, Salz und Backnatron in einer Schüssel vermischen. Öl und Senf dazugeben und den Teig durchrühren, bis er gleichmäßig feucht ist.

3 Käse und Frühlingszwiebeln unterrühren. Eine Mulde in die Mitte des Teigs drücken. Den Joghurt hineingeben und schnell unter den Teig mischen.

4 Den Teig auf das Blech geben und mit bemehlten Fingern zu einem 20 cm großen flachen Laib formen. Diesen wie einen Kuchen mit dem Messer in 8 Teile schneiden, dabei aber nicht ganz durchtrennen.

5 Die Scones etwa 30 Minuten goldbraun backen. Vor dem Servieren die Scones 10 Minuten abkühlen lassen, dann in die vorgeschnittenen Teile brechen.

Stangenbrot-Bärlauch-Rolle

1 Brot

300 g Weizenmehl Type 1050,
mehr zum Arbeiten
½ TL Salz
½ Würfel Hefe (21 g)
½ TL Zucker
150 g fettreduzierter Frischkäse
1 kleine Handvoll Bärlauchblätter
1 TL Zitronensaft
frisch gemahlener Pfeffer

Zubereitungszeit: ca. 30 Minuten
Ruhezeit: ca. 60 Minuten
Backzeit: ca. 30–35 Minuten

1 Mehl in eine Schüssel geben, Salz darüberstreuen. Hefe in eine Tasse bröckeln, Zucker zugeben und beides in 200 ml lauwarmem Wasser auflösen; zum Mehl gießen. Alles zu einem klebrigen Teig verkneten; zugedeckt an einem warmen Ort 30 Minuten gehen lassen.

2 Den Teig anschließend auf einer leicht bemehlten Arbeitsfläche 10 Minuten kräftig kneten und schlagen, bis er schön elastisch ist, nicht mehr klebt und Blasen wirft. Zugedeckt weitere 30 Minuten gehen lassen.

3 Inzwischen den Frischkäse mit dem Bärlauch und dem Zitronensaft im Blitzhacker oder mit dem Stabmixer cremig pürieren.

4 Ein Backblech mit Backpapier belegen. Den Teig auf einer bemehlten Arbeitsfläche kräftig zusammenkneten und zu einem etwa 45 x 30 cm großen Rechteck ausrollen. Mit der Bärlauchcreme bestreichen, dabei rundum einen 8 cm breiten Rand lassen. Mit Pfeffer bestreuen.

5 Den Teig zu einem länglichen Brot aufrollen, auf das Blech legen und zugedeckt 1 Stunde gehen lassen. Den Backofen auf 180 °C vorheizen. Das Stangenbrot mit Wasser bestreichen und in 30–35 Minuten goldbraun backen. Auf dem Kuchengitter erkalten lassen, dann in Scheiben schneiden und zu Salat servieren.

Brotkranz mit Zucchini und Schafskäse

1 Brotkranz

400 g Weizenmehl Type 550,
mehr zum Arbeiten
½ Würfel Hefe (21 g)
1 TL Honig
250 ml lauwarme Milch,
mehr zum Bestreichen
250 g Zucchini, grob geraspelt
1 Bund Schnittlauch,
in Röllchen geschnitten
100 g Feta (Schafskäse), zerbröckelt
2 EL Olivenöl, mehr für die Form
Salz
frisch gemahlener Pfeffer

Zubereitungszeit: ca. 30 Minuten
Ruhezeit: ca. 90 Minuten
Backzeit: ca. 30 – 35 Minuten

1 Das Mehl in eine Schüssel sieben. Mit 1 TL Salz bestreuen. Die Hefe in eine andere Schüssel bröckeln, Honig und lauwarme Milch zugeben; Hefe darin auflösen. Hefemilch zum Mehl gießen und alles vermischen. Schüssel zudecken; den Teig an einem warmen Ort 30 Minuten gehen lassen.

2 Teig auf einer bemehlten Arbeitsfläche 10 Minuten kräftig kneten und schlagen. Zugedeckt weitere 30 Minuten gehen lassen.

3 Zucchiniraspel mit Schnittlauch und Feta mischen; salzen und pfeffern. Eine Springform (24 cm Ø) fetten. Teig durchkneten und zu einem Rechteck ausrollen. Die Zucchinimischung darauf verteilen, dabei rundum einen Rand frei lassen.

4 Den Teig von einer Längsseite her aufrollen; als Ring in die Form legen. Oben mit Milch bestreichen, mehrmals schräg einschneiden. Den Teig zudecken und weitere 30 Minuten gehen lassen.

5 Inzwischen den Backofen auf 220 °C vorheizen. Das Brot 30 – 35 Minuten backen. Aus dem Ofen nehmen und kurz in der Form abkühlen lassen. Auf ein Kuchengitter stürzen und vollständig auskühlen lassen.

OPINEL

Längliches Zwiebelbrot

1 Brot

250 g Weizenvollkornmehl
250 g Weizenmehl Type 550
½ TL gemahlener Kümmel
1 Messerspitze schwarzer Pfeffer
1 TL Salz
1 Würfel Hefe (42 g)
1 TL Zucker
200 g saure Sahne
4 EL Öl, mehr für das Blech
250 g Zwiebeln, gewürfelt

Zubereitungszeit: ca. 25 Minuten
Ruhezeit: ca. 80 Minuten
Backzeit: ca. 35 – 40 Minuten

1 Beide Mehlsorten sowie Kümmel, Pfeffer und Salz in einer Schüssel mischen. In die Mitte eine Mulde drücken, die Hefe hineinbröckeln. Zucker darüberstreuen. Nacheinander die saure Sahne und 100 ml lauwarmes Wasser zur Hefe geben. Mit etwas Mehl vom Rand einen Vorteig herstellen. Zugedeckt 30 Minuten gehen lassen.

2 Inzwischen in einer Pfanne das Öl erhitzen. Zwiebeln darin hellbraun braten. Vom Herd nehmen, etwas abkühlen lassen.

3 Den aufgegangenen Vorteig mit dem restlichen Mehl verkneten, dabei die abgekühlten Zwiebeln mitsamt dem Öl zugeben. Teig zugedeckt 30 Minuten gehen lassen.

4 Ein Backblech fetten. Den Teig kräftig kneten. Falls er zu fest und trocken ist, etwas Wasser zugeben, falls er zu klebrig ist, noch etwas Mehl unterarbeiten. Teig zu einem länglichen Laib formen. Auf das Blech legen, zugedeckt 20 Minuten gehen lassen.

5 Backofen auf 200 °C vorheizen. Das Brot 35 – 40 Minuten backen. Aus dem Ofen nehmen, mit Wasser besprühen und auf einem Kuchengitter auskühlen lassen.

Deftige Hauptgerichte

Wachteleier mit Spargel und Parmesan

4 Portionen

125 g Feldsalat, geputzt
2 Chicorée (ca. 170 g)
15 g frische Schnittlauchröllchen
750 g grüner Spargel
1 EL Essig
12 Wachteleier
50 g Parmesan, fein gehobelt

Für die Senf-Vinaigrette
2 EL natives Olivenöl extra
2 TL Rotweinessig
1 Knoblauchzehe, zerdrückt
½ TL körniger Senf
Salz
frisch gemahlener Pfeffer

Zubereitungszeit: ca. 25 Minuten

1 Größere Feldsalatbüschel klein zupfen, dann den Salat in eine Schüssel geben. Den Chicorée schräg in dünne Scheiben schneiden. Das letzte Stück, das nur aus Strunk besteht, wegwerfen. Die Chicorée-Streifen mit Feldsalat und Schnittlauch mischen und beiseitestellen.

2 Alle Zutaten für das Dressing in ein kleines Schraubglas füllen. Das Glas schließen und kräftig schütteln, bis alle Dressingzutaten gut durchmischt sind.

3 Die Spargelstangen etwa 4 Minuten dämpfen, bis sie gerade weich werden, alternativ 3–4 Minuten in kochendem Wasser garen. Für die Garprobe eine Stange an der dicksten Stelle mit der Spitze eines scharfen Messers einstechen. Im Wasser garende Stangen mit einem Schaumlöffel aus dem Topf heben und auf Küchenpapier abtropfen lassen.

4 Während der Spargel kocht, einen Topf zur Hälfte mit Wasser füllen. Das Wasser aufkochen, den Essig zugießen und die Hitze reduzieren, bis die Flüssigkeit nur noch ganz leicht köchelt. Nach und nach 4 Wachteleier aufschlagen und in die heiße Flüssigkeit gleiten lassen. Die Eier 1 Minute ziehen lassen, bis das Eigelb gerade fest geworden ist, dann mit einem Schaumlöffel aus dem Topf heben und auf Küchenpapier abtropfen lassen. Warm halten, bis die restlichen Eier pochiert sind.

5 Das Dressing zum Salat gießen und unterheben. Den Salat auf einer großen Servierplatte anrichten. Spargel und Wachteleier darauf verteilen. Die Parmesanspäne darüber streuen und alles mit frisch gemahlenem Pfeffer würzen. Sofort servieren.

Gefülltes Omelett nach thailändischer Art

4 Portionen

1 EL Speisestärke
8 Eier
¼ – ½ TL Chiliflocken
Salz
frisch gemahlener Pfeffer
2 EL Sonnenblumenöl
125 g dünne Reisnudeln
1 TL Sesamöl
115 g kleine Champignons, in Scheiben geschnitten
2 Möhren, in 5 cm lange Streifen geschnitten
1 kleine grüne Paprika, entkernt und in Streifen geschnitten
170 g Weißkohl, in feine Streifen geschnitten
2 EL helle Sojasoße
2 TL Weißweinessig
2 TL gehackter Ingwer in Öl aus dem Glas
1 EL Sesamsamen, geröstet, zum Garnieren (nach Belieben)

Zubereitungszeit: ca. 15 Minuten
Garzeit: ca. 15 Minuten

1 Die Speisestärke mit 3 EL kaltem Wasser in einer Schüssel verrühren. Die Eier zufügen und gründlich mit der Speisestärke verquirlen. Die fertige Masse mit Chiliflocken, Salz und Pfeffer würzen.

2 Bei mittlerer Hitze 1 EL des Sonnenblumenöls in einer beschichteten Pfanne (20 cm Ø) erhitzen. Ein Viertel der Eimasse zugießen und die Pfanne kreisen lassen, damit sich die Masse gleichmäßig darin verteilt. Die Masse ca. 2 Minuten braten, bis sie gestockt und von unten goldbraun geworden ist.

3 Das fertige Omelett auf einen Teller gleiten lassen. 3 weitere Omeletts auf dieselbe Weise zubereiten, jeweils mit einer Lage Backpapier getrennt übereinanderstapeln und warm halten.

4 Während die Omeletts braten, die Nudeln 4 Minuten oder gemäß Packungsanweisung in kochendem Wasser gar ziehen lassen, dann abgießen und gründlich abtropfen lassen.

5 Das restliche Sonnenblumenöl mit dem Sesamöl in einen Wok oder eine große Pfanne geben. Pilze, Möhren, Paprika und Kohl zufügen und alles 4 – 5 Minuten unter Rühren braten, bis das Gemüse gerade weich wird. Sojasoße, Essig, Ingwer und die vorbereiteten Reisnudeln zugeben, behutsam unterheben und alles gut durcherhitzen.

6 Die Gemüsemischung auf den vorbereiteten Omeletts verteilen. Die Omeletts zusammenklappen, mit Sesamsamen bestreuen und sofort servieren.

Kürbis-Ricotta-Gnocchi mit Paprikasoße

4 Portionen

2 rote Paprika, halbiert und entkernt
1 Zwiebel, halbiert
500 g Speisekürbis,
in Spalten geschnitten und entkernt
1 EL natives Olivenöl extra
Salz
frisch gemahlener Pfeffer
250 g Ricotta
1 Ei, verquirlt
10 g frisch gehackter Salbei
35 g frisch geriebener Parmesan
200 g Mehl,
plus etwas mehr für die Arbeitsfläche
frische Salbeiblätter, zum Garnieren

Zubereitungszeit: ca. 1 Stunde
Ruhezeit: ca. 1 – 2 Stunden
Kochzeit: ca. 1 Stunde

1 Den Backofen auf 200 °C vorheizen. Paprika- und Zwiebelhälften mit der Schnittfläche nach unten auf ein Backblech legen. Die Kürbisspalten auf ein zweites Backblech geben. Das Gemüse so lange backen, bis es weich ist. Paprika und Zwiebeln brauchen dafür 30 – 35 Minuten, die Kürbisspalten 45 – 55 Minuten.

2 Paprika und Zwiebel in einen Mixer geben. Das Öl zufügen und das Gemüse glatt pürieren. Dann mit Salz und Pfeffer würzen, in einen Topf geben und beiseitestellen.

3 Die Kürbisspalten abkühlen lassen. Dann das Fruchtfleisch von der Schale kratzen und in eine Schüssel geben. Ricotta, Ei, gehackten Salbei und Parmesan zufügen, dann nach und nach das Mehl unterziehen, bis ein weicher Teig entsteht.

4 Die freie Arbeitsfläche mit Mehl bestäuben. Den Teig vierteln und die Viertel nacheinander mit bemehlten Händen zu langen, ca. 2 cm breiten Strängen rollen. Diese in 2 cm lange Stücke schneiden. Mit einem Gabelrücken ein Muster in die Teigstücke drücken. Die fertigen Gnocchi 1 – 2 Stunden trocknen lassen.

5 Wasser in einem großen Topf aufkochen. Die Gnocchi portionsweise (jeweils 10 – 12 Stück) hineingeben und 2 – 3 Minuten pochieren, bis sie an die Oberfläche steigen. Mit einem Schaumlöffel aus dem Topf heben und auf Küchenpapier abtrocknen lassen. Dann in eine vorgewärmte Auflaufform füllen und warmhalten, bis alle Gnocchi gar sind.

6 Unterdessen die Paprikasoße bei geringer Hitze auf dem Herd aufwärmen. Die erwärmte Soße über die Gnocchi gießen und das fertige Gericht mit etwas Salbei garniert servieren.

Camembert-Brokkoli-Pfannkuchen

4 Portionen

110 g Mehl
2 Eier, verquirlt
Salz
frisch gemahlener Pfeffer
250 ml fettarme Milch
1 EL Sonnenblumenöl
2 EL frisch geriebener Parmesan
Blattpetersilienzweige, zum Garnieren

Für die Tomatensoße
1 Zwiebel, gehackt
2 Knoblauchzehen, gehackt
400 g Tomatenstücke aus der Dose
1 Prise Zucker
2 EL frisch gehackte Blattpetersilie

Für die Füllung
250 g Brokkoli, in kleinen Röschen
150 g Camenbert, gewürfelt
90 g Quark oder anderer Frischkäse

Zubereitungszeit: ca. 20 Minuten
Kochzeit: ca. 50 Minuten

1 Zunächst die Pfannkuchen zubereiten. Dazu das Mehl in eine Schüssel sieben. Die Eier und eine Prise Salz zufügen, dann langsam die Milch zugießen. Alles zu einem glatten Teig verrühren.

2 Eine beschichtete Pfanne (18 cm Ø) mit etwas Öl bestreichen. Das Öl erhitzen und etwa 1/8 des Teigs zugießen. Den Pfannkuchen etwa 45 Sekunden backen, bis er auf der Unterseite leicht gebräunt ist. Anschließend vom Pfannenrand lösen, wenden und weitere 30 Sekunden backen. Dann auf einen Teller gleiten lassen und beiseite stellen.

3 Aus dem restlichen Teig 7 weitere Pfannkuchen zubereiten. Dabei die Pfanne bei Bedarf erneut einfetten.

4 Für die Tomatensoße Zwiebel, Knoblauch und Tomaten in einen Topf geben. Den Zucker zufügen und alles mit Salz und Pfeffer würzen. Die Soße 10–15 Minuten unter gelegentlichem Rühren köcheln lassen, bis sie leicht eingedickt ist.

5 Unterdessen für die Füllung den Brokkoli 4–5 Minuten in kochendem Wasser garen, bis er weich ist, dann abgießen und gründlich abtropfen lassen. Mit Camenbert und Quark in einer Schüssel mischen und mit Salz und Pfeffer würzen.

6 Die fertige Soße vom Herd nehmen und mit einem Pürierstab glatt pürieren. Anschließend die gehackte Petersilie einrühren.

7 Den Backofen auf 200 °C vorheizen. Die Pfannkuchen mit der Füllung aufrollen und in eine Auflaufform legen. Die Tomatensoße zugießen und mit Parmesan bestreuen. Dann 25 Minuten goldbraun backen. Mit Petersilie garnieren und servieren.

Gulasch mit Kümmelklößen

6 Portionen

1 kg Schweinefleisch, gewürfelt
Salz
frisch gemahlener Pfeffer
2 EL Olivenöl
30 g Butter
2 große Zwiebeln, halbiert und in dünne Scheiben geschnitten
2 EL Paprika edelsüß
2 EL Mehl
375 ml Hühnerbrühe, plus weitere 125 ml
2 EL brauner Zucker
400 g Tomatenstücke aus der Dose
2 große Tomaten, gehackt
125 g saure Sahne

Für die Kümmelklöße
300 g Mehl
3 TL Backpulver
60 g Butter
1 TL Kümmel
125 g saure Sahne

Zubereitungszeit: ca. 15 Minuten
Kochzeit: ca. 90 Minuten

1 Den Backofen auf 180 °C vorheizen. Das Fleisch mit Salz und Pfeffer würzen. Das Öl in eine Pfanne geben und das Fleisch darin bei mittlerer Hitze anbraten. Dann in einen Bräter geben.

2 Die Temperatur reduzieren. Die Butter in der Pfanne zerlassen und die Zwiebeln darin 2 Minuten dünsten. Paprikapulver und Mehl zufügen und die Zwiebeln 1–2 Minuten darin wenden. Alles mit 375 ml Brühe ablöschen. Den Bratensatz lösen, dann Zucker und Tomaten zugeben und die Mischung unter Rühren aufkochen.

3 Die saure Sahne mit 2 EL des Suds glatt rühren. Dann mit dem restlichen Sud vermengen und zum Fleisch in den Bräter geben.

4 Den Bräter abdecken und in den Ofen schieben. Das Fleisch darin ca. 1 Stunde schmoren, bis es gar ist. Dabei gelegentlich umrühren und bei Bedarf etwas Wasser zugießen, damit das Fleisch die ganze Zeit über bedeckt bleibt.

5 Unterdessen die Klöße zubereiten. Dazu Mehl und Backpulver mischen. Dann die Butter mit den Fingerspitzen in die Mehlmischung einarbeiten, bis eine grobkörnige Masse entsteht. Den Kümmel unterkneten und eine Vertiefung in die Mitte der Masse drücken. Die saure Sahne mit 125 ml Wasser glatt rühren, dann zur Mehlmischung geben und alles zu einem glatten Teig verrühren. Diesen bis zur weiteren Verwendung beiseitestellen.

6 Wenn das Gulasch gar ist, den Kloßteig löffelweise darauf setzen. Falls erforderlich die restlichen 125 ml Brühe zugießen, damit das Fleisch weiterhin bedeckt bleibt und die Klöße gut durchgaren können. Den Bräter abdecken und alles weitere 10 Minuten schmoren, bis die Klöße gar sind. Heiß servieren.

FORK

Frittata mit grünem Blattgemüse

4 Portionen

1 EL Olivenöl
1 Zwiebel, gehackt
2 Knoblauchzehen, zerdrückt
500 g gemischtes Blattgemüse, z. B. Grünkohl, Mangold und Spinat, in mundgerechte Stücke gezupft
2 Eier
4 Eiweiß
3 EL geriebener Parmesan
3 EL fettarmer Ricotta
3 TL Mehl
1 Prise Salz

Zubereitungszeit: ca. 15 Minuten
Kochzeit: ca. 20 Minuten

1 Vom Öl 2 TL in eine beschichtete, backofengeeignete Pfanne geben. Zwiebeln und Knoblauch darin 2 Minuten bei mittlerer Hitze dünsten. Dann das Gemüse zugeben und 7 Minuten unter Rühren dünsten, bis es weich wird und zusammenfällt. Auf einem Teller beiseitestellen und die Pfanne auswischen.

2 Den Backofengrill vorheizen. Eier, Eiweiß, Parmesan, Ricotta, Mehl und Salz in einer Küchenmaschine vermengen.

3 Das restliche Öl in die Pfanne geben. Gemüse und Eimischung zufügen und alles bei mittlerer Hitze ohne Rühren 10 Minuten garen, bis die Eimasse am Pfannenrand gestockt, in der Mitte aber noch flüssig ist.

4 Die Frittata mit etwa 15 cm Abstand von der Grillschleife in den Backofen schieben und etwa 1 Minute grillen, bis auch die Masse in der Mitte gestockt ist. Sofort servieren.

Französische Käsetarte

8 Portionen

150 g Mehl
½ TL Zucker
Salz
Cayennepfeffer
60 g fettarmer Frischkäse, grob zerdrückt
1 ½ EL Butter, in Flocken
1 ½ EL saure Sahne
1 EL Eiswasser
250 ml fettarme Milch
2 Eier
2 Eiweiß
3 TL Dijon-Senf
1 Bund frischer Schnittlauch, in Röllchen geschnitten
200 g Greyerzer oder anderer Schweizer Hartkäse, gerieben

Zubereitungszeit: ca. 25 Minuten
Ruhezeit: ca. 60 Minuten
Backzeit: ca. 70 Minuten

1 Mehl, Zucker und je 1 Prise Salz und Cayennepfeffer in einer großen Schüssel mischen. Frischkäse und Butter mit einem Teigmischer oder zwei Messern unterheben, bis eine grobkörnige Masse entsteht. Saure Sahne und Eiswasser in einer kleinen Schale vermengen, dann rasch unter die Mehlmischung ziehen, bis sich die einzelnen Zutaten gerade zu einem homogenen Teig verbunden haben.

2 Den Backofen auf 180 °C vorheizen. Den Teig auf einer leicht bemehlten Arbeitsfläche zu einem Kreis von etwa 33 cm Durchmesser ausrollen. Den Teig in eine ovale oder runde Tarteform (23 cm Ø) einpassen und den Boden mehrmals mit einer Gabel einstechen. Dann mit Alufolie abdecken und mit Backerbsen beschweren. Den Teig etwa 20 Minuten backen, bis die Oberfläche gerade fest wird. Backerbsen und Alufolie entfernen und den Teig weitere 15 Minuten backen. Anschließend aus dem Backofen nehmen. Den Ofen nicht ausschalten.

3 Milch, Eier, Eiweiß, Senf und Schnittlauch in einer Schüssel mischen, dann den Käse einrühren. Die Form mit dem Teig auf ein Backblech setzen. Die Käsemischung auf dem Teig verteilen. Die Tarte 35 Minuten backen, bis die Eimasse gestockt und goldbraun geworden ist. Noch warm oder auf Zimmertemperatur abgekühlt servieren.

Spinat-Tarte mit Eiern

4 Portionen

1 Rolle Blätterteig
(275 g; aus dem Kühlregal)
400 g junger Blattspinat
100 g geriebener Emmentaler
3 EL Semmelbrösel
5 Eier
Salz
frisch gemahlener Pfeffer
100 g Cocktailtomaten
Olivenöl zum Beträufeln
(nach Belieben)

Zubereitungszeit: ca. 15 Minuten
Backzeit: ca. 20 Minuten

1 Den Backofen auf 200 °C vorheizen. Reichlich Wasser aufkochen lassen. Inzwischen den Blätterteig auf einem Backblech entrollen. Die Teigplatte mit einer Messerspitze rundherum etwa 2 cm vom Rand entfernt einritzen.

2 Den Spinat in ein großes Sieb geben und mit dem kochend heißen Wasser übergießen. Sofort mit kaltem Wasser abschrecken, dann kräftig ausdrücken. Den Spinat hacken.

3 Den Spinat in einer Schüssel mit Käse, Semmelbröseln und 1 Ei mischen. Die Masse mit Salz und Pfeffer abschmecken, dann auf der Teigplatte innerhalb des markierten Rahmens verteilen.

4 Die Tomaten waschen und in Scheiben schneiden. In die Spinatmasse vier Mulden drücken, in jede Mulde ein Ei aufschlagen und die Tomaten auf dem Spinat verteilen. Tomaten und Eier salzen und pfeffern.

5 Die Tarte im heißen Ofen (mittlere Schiene) 20 Minuten backen. Vor dem Servieren mit etwas schwarzem Pfeffer bestreuen und nach Belieben mit etwas Olivenöl beträufeln.

Blätterteigtaschen mit Gemüse und Ei

4 Portionen

Salz
1 Stange Lauch
1 kleine oder ½ große rote Paprikaschote
4 Eier
1 Eiweiß
1 Rolle Blätterteig (275 g; aus dem Kühlregal)
frisch gemahlener Pfeffer
Öl zum Frittieren

Zubereitungszeit: ca. 30 Minuten

1 In einem Topf Salzwasser aufkochen lassen. Den Lauch längs auf-, aber nicht durchschneiden, dann waschen. Das grüne Ende abschneiden und wegwerfen, den weißen Teil in etwa 8 cm lange Stücke schneiden. Die Paprikaschote waschen, putzen und in dünne Streifen schneiden.

2 Lauch und Paprika für 5 Minuten in das kochende Wasser geben. Herausheben, in ein Sieb geben und mit kaltem Wasser abschrecken. Gut abtropfen lassen. Die Eier in das kochende Gemüsewasser geben und 5 Minuten garen. Anschließend herausheben, abschrecken und schälen.

3 Das Eiweiß mit einer Gabel verquirlen. Den Blätterteig auf einer Arbeitsfläche entrollen und quer in vier gleich große Stücke schneiden.

4 Auf das untere Drittel jedes Stückes quer ein Viertel von Lauch und Paprika legen, dabei unten einen 4 cm breiten Rand frei lassen; salzen und pfeffern. Die Eier auf dem Gemüse platzieren. Die Teigränder mit Eiweiß bepinseln.

5 Erst jeweils das untere Teigende, dann die freien Seiten über die Füllung klappen und die Teigstücke aufrollen. In eine Pfanne 1 cm hoch Öl geben und heiß werden lassen. Die Teigrollen darin in 6–8 Minuten goldbraun frittieren.

Kürbisspätzle

4 Portionen

Salz
300 g Fruchtfleisch von 1 Kürbis
(z. B. Hokkaido oder Butternuss)
300 g Mehl
4 Eier

Zubereitungszeit: ca. 20 Minuten

1 In einem Topf Salzwasser zum Kochen bringen. Inzwischen das Kürbisfruchtfleisch in etwa 2 cm große Würfel schneiden. Diese ins kochende Salzwasser geben und in etwa 5 Minuten bei mittlerer Hitze zugedeckt weich garen. Abgießen, abtropfen lassen und mit dem Stabmixer fein pürieren.

2 Zum Garen der Spätzle reichlich Salzwasser in einem großen Topf zum Kochen bringen.

3 In einer Rührschüssel das Kürbispüree mit dem Mehl, den Eiern und 1 TL Salz mit den Knethaken des Handrührgeräts verrühren. So lange rühren, bis ein zäher Teig entstanden ist, der Blasen wirft.

4 Sobald das Salzwasser kocht, den Teig portionsweise in den Spätzlehobel geben und ins Wasser hobeln. Die Spätzle sind gar, wenn sie an die Oberfläche steigen.

5 Die Spätzle mit einem Schaumlöffel aus dem Wasser heben und gut abtropfen lassen. Die Spätzle warmhalten, bis alle Spätzle fertig sind.

Ofenpfannkuchen mit Gemüse und Mozzarella

4 Portionen

100 g Mehl
375 ml Milch
3 Eier
Salz
frisch gemahlener Pfeffer
1 Zucchini
4 Tomaten
Öl für das Blech
3 Frühlingszwiebeln
1 Knoblauchzehe
250 g abgetropfter Mozzarella
1 TL getrockneter Oregano
75 g entsteinte schwarze Oliven
(z. B. Kalamata)
Oreganoblättchen zum Garnieren

Zubereitungszeit: ca. 30 Minuten

1 Den Backofen auf 200 °C vorheizen. Aus Mehl, Milch und Eiern einen glatten Pfannkuchenteig rühren. Den Teig mit Salz und Pfeffer würzen; etwa 5 Minuten quellen lassen.

2 Inzwischen die Zucchini putzen, waschen und längs in dünne Scheiben schneiden. Die Tomaten waschen und in Scheiben schneiden.

3 Das tiefe Backblech mit Öl bestreichen. Den Teig hineingießen und verstreichen, dann in 5 Minuten im heißen Ofen etwas stocken lassen.

4 Währenddessen die Frühlingszwiebeln waschen, putzen und in feine Ringe schneiden. Den Knoblauch schälen und fein würfeln. Den Mozzarella in Scheiben schneiden.

5 Das Blech aus dem Ofen nehmen und den halb gegarten Teig mit den Zucchinischeiben, Tomatenscheiben und Frühlingszwiebelringen belegen. Das Gemüse mit Salz, Pfeffer und Oregano bestreuen, anschließend Oliven und Mozzarella darauf verteilen.

6 Den Pfannkuchen 15 Minuten im Ofen backen, bis das Gemüse weich und der Käse geschmolzen ist. Mit Kräutern garnieren und sofort servieren.

Gefüllte Pfannkuchen mit Meeresfrüchten

4 Portionen

Für den Pfannkuchenteig
125 g Weizenmehl
1 Eiweiß
300 ml fettarme Milch
2 EL Schnittlauchröllchen
Salz
frisch gemahlener Pfeffer
1 EL Öl zum Braten

Für die Füllung
50 g Zwiebeln,
in feine Ringe geschnitten
100 ml Fischbrühe
350 g Seeteufelfilet
150 g kleine Kammmuscheln
2 TL feine Speisestärke
125 g Frischkäse, fettarm
125 g große Garnelen (TK-Ware
aufgetaut), gekocht, geschält
2 TL körniger Senf
1 Prise Muskatnuss, frisch gerieben
frischer Schnittlauch

Zubereitungszeit: ca. 20 Minuten
Ruhezeit: ca. 20 Minuten
Kochzeit: ca. 20 Minuten

1 Für den Teig Mehl, Eiweiß, Schnittlauch, Milch, Salz und Pfeffer in der Küchenmaschine oder mit dem Handrührer glattrühren, bis der Teig Blasen schlägt. Teig 20 Minuten ruhen lassen.

2 Eine kleine beschichtete Pfanne heiß werden lassen und mit Öl einstreichen. 1/8 des Teigs in die Pfanne geben und den Pfannkuchen auf beiden Seiten goldbraun backen. Dann auf einen Teller gleiten lassen. Aus dem Teig sieben weitere Pfannkuchen backen, dabei nur Öl in die Pfanne geben, wenn es erforderlich wird.

3 Für die Füllung Zwiebeln und Fischbrühe in einem Topf unter Rühren auf die Hälfte einkochen lassen.

4 Graue Hautstücke vom Seeteufelfilet entfernen und das Fleisch in mundgerechte Stücke zerteilen. Das Muschelfleisch säubern. Mehl in eine Schüssel geben und die Fischwürfel und das Muschelfleisch darin wenden, bis alles gut mit Mehl bedeckt ist. Den Frischkäse unterrühren.

5 Den Seeteufel in die Brühe geben und im offenen Topf etwa 3 Minuten ziehen lassen. Dabei vorsichtig rühren, damit der Fisch nicht zerfällt.

6 Das Muschelfleisch zugeben und alles weitere 2–3 Minuten garen lassen. Dann folgen die Garnelen, die rund 1 Minute mitgegart werden, bis sie gut heiß sind. Senf und Muskat nach Belieben zugeben und mit Salz und Pfeffer abschmecken.

7 Die Meeresfrüchtefüllung auf die Pfannkuchen verteilen, die Pfannkuchen zu Tüten aufrollen. Je zwei gefüllte Pfannkuchen auf einen Teller legen und mit Soße und Schnittlauch garnieren.

Rindfleischtopf mit Petersilienklößen

6 Portionen

1 kg Rindfleisch für Gulasch
1 EL Olivenöl
400 g Zwiebeln,
geschält und in Achtel geschnitten
250 g Möhren,
in Scheiben geschnitten
250 g Steckrüben,
in Scheiben geschnitten
1 EL Weizenmehl
2 TL Mischkräuter, getrocknet
400 g Tomaten aus der Dose, stückig
600 ml Fleischbrühe
Salz
frisch gemahlener Pfeffer

Für die Petersilienklöße
175 g Weizenmehl
2 TL Backpulver
50 g Diät-Pflanzencreme (71 %)
3 EL frisch gehackte Petersilie

Zubereitungszeit: ca. 40 Minuten
Kochzeit: ca. 2 Stunden 50 Minuten

1 Vom Fleisch Fett, Häutchen und Sehnen abschneiden, dann in 2,5 cm große Würfel schneiden.

2 Das Öl in einer großen Kasserolle erhitzen, die Zwiebeln zufügen und bei mittlerer Hitze unter Rühren etwa 5 Minuten anbraten.

3 Die Zwiebeln in eine Schüssel geben, dann die Hälfte der Fleischwürfel in die Kasserolle geben und 2 – 3 Minuten unter gelegentlichem Rühren bräunen. Das gebräunte Fleisch herausnehmen, den Rest anbraten und alles zu den Zwiebeln geben.

4 Möhren und Rüben in die Kasserolle geben und im Bratensaft bei mittlerer Hitze 1 – 2 Minuten dünsten. Fleisch und Zwiebeln mit dem in der Schüssel angesammelten Bratensaft in die Kasserolle geben und Fleisch und Gemüse mit dem Mehl bestäuben.

5 Kräuter, Tomaten und Brühe zugeben und aufkochen. Kasserolle verschließen und das Fleisch ca. 2 Stunden auf kleiner Hitze weich garen. Es darf nicht kochen, sonst wird das Fleisch zäh.

6 Inzwischen die Klöße zubereiten. Das Mehl mit dem Backpulver und einer Prise Salz in eine Rührschüssel sieben und das Fett darübergeben. Die Petersilie zugeben und nach Belieben würzen. In den Teig eine Vertiefung drücken und mit 6 EL kaltem Wasser füllen und zu einem weichen, leicht klebrigen Teig verrühren.

7 Wenn das Fleisch gar ist, das Gericht abschmecken und die Temperatur etwas erhöhen, aber nicht zum Kochen bringen. Mit zwei Teelöffeln aus der Teigmischung 12 Klößchen formen und gleichmäßig auf dem Gericht verteilen. Gut zugedeckt alles nochmals 20 Minuten garen, bis die Klöße aufgegangen und gar sind.

Rustikaler Lamm-Gemüse-Eintopf

4 Portionen

500 g mageres Lammsteak
400 g Möhren,
in dicke Scheiben geschnitten
225 g Sellerie,
in dicke Scheiben geschnitten
450 g Lauch,
in dicke Scheiben geschnitten
350 ml Apfelwein
350 ml Lamm- oder Hühnerbrühe
Salz
frisch gemahlener Pfeffer
200 g Erbsen, TK-Ware aufgetaut
einige Stängel Rosmarin, Salbei
und Thymian, zusammengebunden
als Bouquet garni

Für die Einlage
250 g Weizenmehl
3 TL Backpulver
4 EL Petersilie und Salbei, gehackt
150 g Magerquark
1–2 TL Magermilch, nach Belieben

Zubereitungszeit: ca. 20 Minuten
Kochzeit: ca. 75 Minuten

1 Den Backofen auf 200 °C vorheizen. Vom Lammfleisch das Fett entfernen und das Fleisch in 2,5 cm große Würfel schneiden. Das Lamm in einer großen Kasserolle ohne Fettzugabe bei mittlerer Hitze 6–8 Minuten unter ständigem Rühren hellbraun anbraten.

2 Möhren, Sellerie und Lauch zufügen und 3–4 Minuten unter gelegentlichem Rühren dünsten.

3 Apfelwein und Brühe dazugeben, nach Belieben salzen und pfeffern und aufkochen. Alles zugedeckt bei niedriger Temperatur 20–25 Minuten köcheln lassen, bis das Gemüse weich ist.

4 In der Zwischenzeit die Einlage zubereiten. Das Mehl in eine Schüssel sieben, mit dem Backpulver mischen. Petersilie und Salbei sowie reichlich Salz und Pfeffer einrühren. Den Magerquark zugeben und die Mischung zu einem festen Teig kneten. Wenn die Masse zu trocken ist, noch 1–2 TL Magermilch zufügen. Den Teig auf eine Stärke von etwa 1,5 cm ausrollen und in 18–20 Dreiecke schneiden.

5 Die Erbsen und das Bouquet garni in die Kasserolle geben und die Dreiecke so darüber legen, dass sie die Oberfläche des Eintopfs bedecken. Die Kasserolle in den Backofen stellen und 25–30 Minuten backen, bis die Teigecken aufgegangen und goldbraun sind.

Crespelli mit Schweinefleisch-Pilz-Füllung

4 Portionen

350 g mageres Schweinehack
125 g Lauch,
in dünne Scheiben geschnitten
125 g Pilze, gehackt
1 Prise Cayennepfeffer
½ TL getrockneter Salbei
1 EL Stärkemehl
1 Prise Senfpulver
300 ml Magermilch
Salz
frisch gemahlener Pfeffer

Für den Teig
125 g Weizenmehl
1 Ei
300 ml Magermilch
etwas Pflanzenöl zum Einfetten

Für den Belag
3–4 Tomaten,
in dicke Scheiben geschnitten
15 g Parmesan, fein gerieben

Zum Garnieren
gehackte, glatte Petersilie und
etwas frisch geriebener Parmesan

Zubereitungszeit: ca. 30 Minuten
Kochzeit: ca. 60 Minuten

1 Mehl, Ei, Milch und eine Prise Salz mit dem Handrührgerät zu einem glatten Teig verrühren. Dann den Teig beiseitestellen.

2 Den Backofen auf 190 °C vorheizen. Für die Füllung das Schweinehack in einer beschichteten Pfanne bei mittlerer Hitze anbraten, bis es gebräunt und krümelig ist. Lauch, Pilze, Cayennepfeffer und Salbei zufügen. Zugedeckt 15 Minuten auf kleiner Hitze garen lassen. Falls zu viel Flüssigkeit verkocht, etwas Wasser zufügen.

3 Für die Pfannkuchen eine kleine beschichtete Bratpfanne auf mittlere Temperatur erhitzen und mit wenig Pflanzenöl einstreichen. 2 EL Teig in die heiße Pfanne geben und von beiden Seiten goldbraun backen. Aus der Pfanne nehmen und die anderen Pfannkuchen zubereiten.

4 Für die Füllung das Stärkemehl und den Senf mit 2 EL Milch verrühren. Die restliche Milch in einem großen Topf aufkochen, die Stärkemehlmischung schnell einrühren und so lange kochen, bis sie andickt. Nach Belieben würzen.

5 Das Schweinefleisch ohne den Bratensaft in die Soße einrühren und eventuell nachwürzen.

6 Auf die Pfannkuchen je einen Streifen der Füllung geben. Dann aufrollen und mit der Nahtseite nach unten dicht nebeneinander in eine leicht geölte, flache Auflaufform legen. Die Tomatenscheiben darüber legen und alles mit dem Käse bestreuen.

7 Die Pfannkuchen 15–20 Minuten überbacken, bis die Tomaten weich und die Pfannkuchenränder knusprig sind. Mit etwas gehackter Petersilie und, falls gewünscht, mit Parmesan servieren.

Krabbenravioli mit Basilikum und Ingwer

4 Portionen

Für den Teig
180 g italienisches Hartweizenmehl
125 g Weißmehl,
zusätzlich Mehl zum Bestäuben
Salz
frisch gemahlener Pfeffer

Für die Füllung
850 g Krabbenfleisch aus der Dose,
abgetropft
2 Eiweiß
4 EL frisches Basilikum, gehackt
4 EL frischer Koriander, gehackt
1 große, frische rote Chilischote,
entkernt und fein gehackt
2 TL Knoblauch, fein gehackt
2 TL Ingwer, fein gerieben

Zum Garnieren
Sesamöl und frische Basilikumstängel

Zubereitungszeit: ca. 60 Minuten
Ruhezeit: ca. 30 Minuten
Kochzeit: ca. 25 Minuten

1 Das Mehl mit einer Prise Salz in eine Rührschüssel sieben. Eine Vertiefung in die Mitte drücken, 175 ml Wasser zugießen und alles zu einem festen, aber nicht klebrigen Teig vermischen.

2 Den Teig 3–4 Minuten mit den Händen zu einem geschmeidigen Teig kneten, zur Kugel formen, lose in Frischhaltefolie wickeln und mindestens 30 Minuten bei Raumtemperatur ruhen lassen.

3 In der Zwischenzeit das Krabbenfleisch mit Eiweiß, Basilikum, Koriander, Chilischote, Knoblauch und Ingwer in einer Schüssel gut vermischen. Mit Pfeffer würzen und beiseitestellen.

4 Den Nudelteig in 8 gleich große Stücke teilen und jedes auf einer leicht bemehlten Arbeitsfläche zu einem länglichen Strang ausrollen. Die Nudelmaschine auf den weitesten Walzenabstand einstellen und einen Strang durchlaufen lassen. Dann beiseitelegen und mit den anderen Teigsträngen ebenso verfahren.

5 Nach und nach den Walzenabstand verringern und jede Teigplatte auf jeder Stufe einmal durchdrehen, bis die Platten schließlich sehr dünn, aber noch nicht durchsichtig sind.

6 Mit einem Teigschneider quadratische Teigstücke im Durchmesser von 4–5 cm ausschneiden. Die Hälfte der Teigstücke mit 1–2 TL Füllung belegen und dabei darauf achten, dass die Ränder frei bleiben. Die Ränder mit Wasser befeuchten und die restlichen Teigstücke darauflegen. Dann fest zusammendrücken.

7 Die Ravioli in kochendes Salzwasser geben und etwa 3 Minuten bissfest kochen und in einem Sieb abtropfen lassen. Mit ein wenig Sesamöl und frischem Basilikum garnieren.

Buchweizen-Crêpes mit Spinat und Ricotta

4 Portionen

150 g Weißmehl
100 g Buchweizenmehl
Salz
frisch gemahlener Pfeffer
1 Ei
1 Eiweiß
Sonnenblumenöl für die Pfanne

Für die Füllung
200 g Magerquark
100 g Hüttenkäse
100 g Ricotta
300 g frischer Blattspinat
2–4 EL Zitronensaft
½ TL Muskatpulver

Zubereitungszeit: ca. 20 Minuten
Ruhezeit: ca. 30 Minuten
Kochzeit: ca. 25 Minuten

1 Quark, Hüttenkäse und Ricotta zum Aufwärmen aus dem Kühlschrank nehmen und beiseitestellen.

2 Für den Crêpe-Teig das Mehl mit 1 TL Salz mischen und durchsieben. Das Ei und Eiweiß mit 450 ml Wasser in einer kleinen Schüssel gut verquirlen und nach und nach unter das Mehl rühren. 30 Minuten beiseitestellen.

3 Den Spinat waschen und harte Stängel entfernen. Tropfnass in einen Topf geben, Deckel auflegen und 3–4 Minuten bei mittlerer Hitze garen. Abgießen und etwas abkühlen lassen.

4 Überflüssiges Wasser aus dem Spinat drücken und die Blätter fein hacken. Quark, Hüttenkäse, Ricotta und Spinat gut vermischen und mit Zitronensaft, Muskat, Salz und Pfeffer abschmecken.

5 Eine kleine beschichtete Pfanne auf mittlerer Stufe erhitzen. Den Crêpe-Teig umrühren und prüfen, ob er dünn genug zum Gießen ist; falls nicht, esslöffelweise Wasser zufügen. Die Pfanne mit etwas Öl einfetten. 2–3 EL Teig hineingießen und auf der ganzen Fläche verteilen. Die Crêpe etwa 90 Sekunden backen, bis der Rand braun wird und sich zu wellen beginnt.

6 Die Crêpe wenden und nochmals 20–30 Sekunden backen. Wenden Sie die Crêpe nicht zu früh, sonst bleibt der Teig in der Pfanne kleben.

7 Den restlichen Teig auf dieselbe Weise zu sieben weiteren Crêpes ausbacken; die Pfanne bei Bedarf nachfetten. Zum Servieren je 2–3 EL Füllung in die Mitte der Crêpes streichen und ihn von beiden Seiten zusammenrollen.

Frittata mit neuen Kartoffeln und Spinat

4 Portionen

1 EL Olivenöl
1 rote Zwiebel, fein gehackt
1 große rote Paprika, gehackt
150 g junger Blattspinat
1 Knoblauchzehe, zerdrückt
6 Frühlingszwiebeln, gehackt
500 g neue Kartoffeln,
gekocht und in Rädchen geschnitten
3 Eier
4 EL entrahmte Milch
1 EL frisches Basilikum, gehackt
2 TL frischer Schnittlauch,
fein gehackt
1 EL frische glatte Petersilie, gehackt
Salz
frisch gemahlener Pfeffer
25 g Parmesan, fein gerieben
25 g Edamer (30 % Fett i. Tr.),
fein gerieben

Zubereitungszeit: ca. 20 Minuten
Kochzeit: ca. 20 – 30 Minuten

1 Das Öl in einer großen Bratpfanne mit feuerfestem Griff erhitzen. Zwiebel und Paprika etwa 5 Minuten darin schwenken, bis sie weich sind.

2 Spinat, Knoblauch und Frühlingszwiebeln zufügen und etwa 2 Minuten weitergaren, bis der Spinat zusammenfällt, dann die Kartoffeln zugeben.

3 In einer großen Schüssel die Eier mit Milch, Basilikum, Schnittlauch und Petersilie verquirlen und nach Belieben salzen und pfeffern. Die Mischung über das Gemüse gießen, die Hitze reduzieren und 10 – 20 Minuten garen, bis das Ei zu stocken beginnt.

4 In der Zwischenzeit den Grill auf mittlerer Stufe vorheizen. Parmesan und Edamer über die Frittata streuen und die Pfanne etwa 2 Minuten in den Grill stellen, bis der Käse goldbraun und geschmolzen ist. Die Frittata vierteln und heiß servieren. Serviervorschlag: Dazu schmeckt gemischter Salat mit Schnittlauch.

Brunnenkresse-Paprika-Quiche

6 Portionen

Für den Teig
100 g Weißmehl
75 g Vollkornmehl
Salz
frisch gemahlener Pfeffer
90 g Diät-Pflanzencreme (71 %)
1 Ei, verquirlt

Für den Belag
1 TL Olivenöl
400 g Zwiebeln,
halbiert und der Länge nach in dünne Streifen geschnitten
1 EL brauner Zucker
2 Eier
225 ml entrahmte Milch
200 g Brunnenkresse, ohne harte Stängel, fein gehackt
25 g Parmesan, gerieben
1 große rote Paprikaschote, gewürfelt

Zubereitungszeit: ca. 40 Minuten
Ruhezeit: ca. 30 Minuten
Kochzeit: ca. 60–70 Minuten

1 Für den Teig das Mehl mit einer Prise Salz in eine Rührschüssel sieben; im Sieb zurückgehaltene grobe Mehlteile ebenfalls zufügen. Stückchenweise die Pflanzencreme einarbeiten, dann so viel Ei untermischen, dass ein weicher, aber kein klebriger Teig entsteht.

2 Den Teig auf einer leicht bemehlten Arbeitsfläche einige Sekunden kneten, bis er geschmeidig ist, dann auf eine Größe von 30 cm rund ausrollen. Eine Kuchenform von 25 cm Ø mit dem Teig auslegen, einen Rand formen und mindestens 30 Minuten in den Kühlschrank stellen.

3 Für den Belag Öl, Zwiebeln, braunen Zucker und eine Prise Salz in eine beschichtete Pfanne geben, vermischen und bei relativ geringer Hitze unter häufigem Rühren 25–30 Minuten braten, bis die Zwiebeln weich und leicht karamellisiert sind. Von der Kochstelle nehmen und beiseitestellen.

4 Den Backofen auf 220 °C vorheizen und ein Backblech zum Anwärmen hineinschieben.

5 Die Eier in eine Rührschüssel schlagen, die Milch und nach Belieben Pfeffer zufügen und gut verrühren. Dann die Brunnenkresse und die Hälfte des Parmesans hineinrühren.

6 Die abgekühlten Zwiebeln auf dem Boden der Quiche verteilen, die Brunnenkressemischung darübergießen und die gewürfelte Paprika und den restlichen Parmesan darüberstreuen.

7 Die Quiche auf das heiße Backblech setzen und 35–40 Minuten backen, bis der Belag stockt und oben leicht gebräunt ist. Heiß oder fast kalt (etwa 20 °C) servieren.

Provenzalische Gemüsetarte

4 Portionen

2 große süße Gemüsezwiebeln
190 g Mehl Type 405
½ TL gehackter frischer Thymian
½ TL Salz
80 ml Eiswasser
2 EL Olivenöl
2 mittelgroße Zucchini (je 240 g)
4 mittelgroße Tomaten,
in 6 mm dicke Scheiben geschnitten
2 EL frisch geriebener Parmesan

Zubereitungszeit: ca. 20 Minuten
Koch- und Backzeit: ca. 45 Minuten

1 Beschichtete Pfanne dünn einfetten. Auf mittelstark erhitztem Kochfeld heiß werden lassen. Hitze auf mittelniedrig senken. Zwiebeln 20 Minuten weich und goldgelb braten.

2 Den Backofen auf 200 °C vorheizen. Mehl, Thymian und ¼ TL Salz in einer Schüssel mischen. Gerade so viel Wasser und Öl einrühren, dass ein geschmeidiger Teig entsteht. Die Arbeitsfläche dünn mit Mehl bestäuben. Den Teig zu einem Rechteck (40 x 15 cm) oder zu einem rundem Fladen (32,5 cm Ø) flach klopfen. Auf die Hälfte zusammenklappen. In eine rechteckige Tarteform (30 x 15 cm) oder in eine runde Form mit herausnehmbarem Boden (22,5 cm Ø) legen. Ränder zurechtschneiden.

3 Zucchini schräg in lange, 3 mm dicke Scheiben schneiden. Die Pfanne nochmals dünn einfetten. Auf mittelheiße Kochstelle setzen. Zucchini darin 5 bis 7 Minuten braten.

4 Zucchini, Tomaten und Zwiebeln in Reihen aufrecht und leicht überlappend auf dem Teigboden verteilen. Mit ¼ TL Salz und Parmesan bestreuen. Etwa 20 Minuten backen, bis der Boden goldgelb ist. Heiß, warm oder zimmerwarm servieren.

Fenchettarte mit Schinken

1 Tarte (12 Stück)

200 g Weizenmehl Type 1050, mehr zum Arbeiten
1 TL Backpulver
Salz
100 g Magerquark
4 EL Sonnenblumenöl, mehr für die Form
40 ml fettarme Milch
getrocknete Bohnen zum Blindbacken
2 EL Olivenöl
1 kg zarte Fenchelknollen
2 Eier
150 g saure Sahne
1 EL Zitronensaft
50 g Parmesan, frisch gerieben
frisch gemahlener Pfeffer
50 g Schwarzwälder Schinken, in Scheiben geschnitten
20 g Pinienkerne

Zubereitungszeit: ca. 40 Minuten
Backzeit: ca. 50 Minuten

1 Für den Teig das Mehl mit dem Backpulver in eine Schüssel sieben. Quark, Öl, Milch und eine Prise Salz zugeben. Alles zuerst mit den Knethaken des elektrischen Handrührgeräts, dann mit den Händen glatt verkneten. Eine Tarteform (28 cm Ø) dünn fetten, den Backofen auf 180 °C vorheizen.

2 Den Teig auf einer leicht bemehlten Arbeitsfläche dünn ausrollen und die Form damit auskleiden. Den Teig mit einer Gabel mehrmals einstechen, mit Backpapier und getrockneten Bohnen belegen und im heißen Ofen 10 Minuten blindbacken. Dann Backpapier und Bohnen entfernen und die Teigkruste weitere 7 Minuten vorbacken.

3 Für den Belag Fenchel putzen, in Streifen schneiden; Fenchelgrün beiseitelegen. Öl in einer großen beschichteten Pfanne erhitzen, den Fenchel darin zugedeckt etwa 10 Minuten dünsten. Vom Herd nehmen, etwas abkühlen lassen. Eier, saure Sahne, Zitronensaft, Fenchelgrün und Parmesan verrühren, salzen und pfeffern. Teigkruste mit Schinken auslegen. Das Gemüse und den Eierguss mischen, auf dem Teigboden verteilen.

4 Pinienkerne auf die Tarte streuen. Tarte 35 Minuten backen, bis sie goldbraun ist. Etwas abkühlen lassen, in Stücke schneiden.

Blechpizza mit Brokkoli und Pilzen

8 Portionen

300 g Weizenmehl Type 1050, mehr zum Arbeiten
Salz
½ Würfel Hefe (21 g)
1 EL Olivenöl
500 g Brokkoli, in kleine Röschen geteilt
1 weiße Zwiebel, klein gewürfelt
2 Knoblauchzehen, fein gehackt
frisch gemahlener Pfeffer
1 Dose Pizzatomaten (400 g)
3 EL Tomatenmark
1 TL getrockneter Oregano
250 g Champignons, in Scheiben geschnitten
200 g Mozzarella, in dünne Scheiben geschnitten
30 g geriebener Parmesan

Zubereitungszeit: ca. 50 Minuten
Ruhezeit: ca. 70 Minuten
Backzeit: ca. 15–20 Minuten

1 Für den Teig das Mehl in eine Schüssel geben, 1 TL Salz darüberstreuen. Hefe in 250 ml lauwarmem Wasser auflösen, zum Mehl gießen; verkneten. Zugedeckt 30 Minuten an einem warmen Ort gehen lassen.

2 Anschließend den Teig 5 Minuten kneten und schlagen; zugedeckt weitere 30 Minuten gehen lassen. Ein Backblech mit Backpapier auslegen. Den Teig auf Blechgröße ausrollen und auf das Blech legen. Zugedeckt noch 10 Minuten gehen lassen.

3 Den Backofen auf 220 °C vorheizen. Für den Belag das Olivenöl in einer beschichteten Pfanne erhitzen. Brokkoli, Zwiebel und Knoblauch darin bei mittlerer Hitze 5 Minuten dünsten. Vom Herd nehmen, mit Salz und Pfeffer würzen und abkühlen lassen.

4 Pizzatomaten in einem Sieb abtropfen lassen. Mit Tomatenmark, Oregano, Salz und Pfeffer verrühren; auf den Teig streichen. Brokkolimischung und Pilze darauf verteilen. Mozzarella darauflegen, alles mit Parmesan bestreuen. Die Pizza im heißen Ofen 15–20 Minuten backen.

Vollkornquiche mit Zucchini

1 Quiche (12 Stück)

200 g Weizenvollkornmehl, mehr zum Arbeiten
Salz
50 g weiche Butter
400 g Magerquark
1 EL Olivenöl, mehr für die Form
1 Schalotte, fein gehackt
1 Knoblauchzehe, fein gehackt
400 g Zucchini, in Scheiben geschnitten
½ TL gehackte Rosmarinblätter
frisch gemahlener Pfeffer
2 Eier, getrennt

Zubereitungszeit: ca. 25 Minuten
Ruhezeit: ca. 30 Minuten
Backzeit: ca. 40 Minuten

1 Für den Teig Mehl, 1 TL Salz und Butter krümelig verrühren. 150 g Magerquark und 2–3 EL kaltes Wasser untermischen. Eine Springform (28 cm Ø) dünn mit Olivenöl fetten. Teig ausrollen und die Form damit auslegen. 30 Minuten kalt stellen.

2 Inzwischen für den Belag das Olivenöl in einer Pfanne erhitzen. Schalotte und Knoblauch darin glasig dünsten, Zucchini und Rosmarinblätter zugeben; 2–3 Minuten mitdünsten. Alles mit Salz und Pfeffer würzen. Pfanne vom Herd nehmen und das Gemüse etwas abkühlen lassen.

3 Backofen auf 200 °C vorheizen. Für den Guss die Eigelbe mit den restlichen 250 g Quark cremig rühren. Eiweiße steif schlagen. Zuerst das Gemüse unter den Quark mischen, dann den Eischnee unterheben.

4 Springform aus dem Kühlschrank nehmen. Teigboden mit einer Gabel mehrmals einstechen, Zucchini-Quark-Masse darauf streichen. Quiche im Ofen etwa 40 Minuten backen. Warm servieren. Sehr gut dazu schmeckt ein Sprossensalat mit Tomaten.

Spanisches Brot mit Zucchini und Oliven

1 Blech (12 Stück)

500 g Mehl Type 550,
mehr zum Arbeiten
½ Würfel Hefe (21 g)
1 Prise Zucker
1 unbehandelte Orange
1 Ei
4 EL Olivenöl, mehr für das Blech
1 TL Salz

Für den Belag
200 g Auberginen,
in dünne Scheiben geschnitten
400 g Zucchini,
längs in dünne Scheiben geschnitten
150 g Zwiebeln,
in Ringe geschnitten
2 rote Chilischoten,
entkernt und in Ringe geschnitten
4 Knoblauchzehen, gehackt
2 EL Olivenöl
80 g schwarze Oliven
2 EL gehackte Petersilie

Zubereitungszeit: ca. 30 Minuten
Ruhezeit: ca. 40 Minuten
Backzeit: ca. 20 Minuten

1 Das Mehl in eine Schüssel geben. In die Mitte eine Mulde drücken. Hefe hineinbröckeln, Zucker darüberstreuen. Hefe mit 100 ml lauwarmem Wasser und etwas Mehl verrühren. Zugedeckt gehen lassen, bis sich auf dem Vorteig Risse zeigen.

2 Etwas Schale von der Orange abreiben. Die Frucht auspressen und 150 ml Saft abmessen. Ei, Olivenöl, Orangensaft, Orangenschale und Salz in die Schüssel zum Vorteig geben. Alles zu einem Teig verkneten. Zugedeckt etwa 30 Minuten gehen lassen, bis sich das Teigvolumen verdoppelt hat.

3 Den Backofen auf 200 °C vorheizen. Teig auf einer bemehlten Arbeitsfläche kneten, bis er weich und elastisch ist. Backblech mit Olivenöl fetten. Teig darauf ausrollen.

4 Das Gemüse auf dem Teig verteilen. Chilischoten und Knoblauch mit 2 EL Olivenöl mischen und über das Gemüse träufeln.

5 Das Brot 15 Minuten backen. Mit Oliven belegen und weitere 5 Minuten backen. Aus dem Ofen nehmen, mit Petersilie bestreuen, in Stücke schneiden und servieren.

Süße Hauptgerichte und Desserts

Quarkkrapfen mit saurer Sahne

4 Portionen

150 g Magerquark
2 Eier
70 g Zucker
1 Päckchen Vanillezucker
abgeriebene Schale von ½ unbehandelten Zitrone
2 EL Öl (z. B. Rapsöl)
150 g Mehl
1 TL Backpulver
Kokosfett oder Butterschmalz zum Ausbacken
200 g saure Sahne
4 EL Wildpreiselbeeren (Glas)

Zubereitungszeit: ca. 30 Minuten

1 Den Quark kurz abtropfen lassen. Die Eier mit 40 g Zucker und dem Vanillezucker schaumig schlagen. Die Zitronenschale und das Öl unterrühren. Den Quark hinzufügen und untermischen.

2 Mehl mit Backpulver mischen; über die Quarkcreme sieben. Alles zu einem glatten Teig verrühren. Den restlichen Zucker (30 g) in einen tiefen Teller füllen. Das Fett in einer Fritteuse oder einem hohen Topf auf 170 °C erhitzen.

3 Mit 2 Esslöffeln 8 pflaumengroße Bällchen vom Teig abstechen und diese in zwei Portionen (je nach Topfgröße) vorsichtig ins heiße Fett geben. Die Krapfen darin schwimmend in etwa 8 Minuten goldbraun ausbacken, dabei zwischendurch wenden.

4 Die Quarkkrapfen aus dem Fett heben, kurz auf Küchenpapier abtropfen lassen und noch heiß im Zucker wälzen. Sofort servieren, denn die Krapfen schmecken am besten warm.

5 Die saure Sahne und die Wildpreiselbeeren auf Desserttellern mit den Krapfen anrichten oder separat dazu reichen.

Orangen-Rhabarber-Crumble

4 Portionen

1 große Orange
450 g Rhabarber,
in 2,5 cm lange Stücke geschnitten
2 TL frischer Ingwer, gehackt
1 – 2 EL Zucker

Für die Streuseldecke
125 g Weißmehl
75 g Halbfettbutter,
gekühlt und gewürfelt
25 g brauner Rohrzucker
50 g Haferflocken

Zum Servieren
Vanillesoße

Zubereitungszeit: ca. 15 Minuten
Kochzeit: ca. 40 – 45 Minuten

1 Den Backofen auf 190 °C vorheizen. Etwas Orangenschale (1 TL) fein reiben und beiseitestellen. Die Orange schälen und gründlich alle weiße Haut entfernen. Die Orange in Schnitze teilen und diese, falls sie sehr groß sind, halbieren.

2 Die Orangenschnitze in eine Auflaufform geben, Rhabarber und Ingwer zufügen und nach Belieben zuckern. Die Form mit Aluminiumfolie bedecken und die Früchte 15 Minuten backen.

3 In der Zwischenzeit die Streusel zubereiten. Mehl, Butter und Rohrzucker in eine Schüssel geben und mit den Fingerspitzen zu einer krümeligen Masse vermischen oder alles 10 – 15 Sekunden in der Küchenmaschine verarbeiten. Haferflocken und geriebene Orangenschale einrühren.

4 Die Folie von der Form nehmen und die Streusel über das Obst streuen. Unbedeckt weitere 25 – 30 Minuten backen, bis die Streuseldecke goldbraun und knusprig ist.

5 Den Crumble leicht abkühlen lassen und dann mit heißer Vanillesoße servieren. Variante: Statt Rhabarber Stachelbeeren oder statt Orangen Erdbeeren verwenden.

Schoko-Eierlikör-Sahnetorte

Für 1 Backblech

250 g Mehl
2 TL Backpulver
80 g Kakaopulver
1 Prise Salz
125 g weiche Butter
3 Eier
150 g Rohrohrzucker
250 g Buttermilch, mehr nach Bedarf
300 g Sahne
1 Päckchen Sahnesteif
1 Päckchen Vanillezucker
3 EL Eierlikör, mehr zum Garnieren

Zubereitungszeit: ca. 15 Minuten
Backzeit: ca. 15–20 Minuten

1 Den Backofen auf 180 °C vorheizen. Das Backblech mit Backpapier belegen. Das Mehl mit Backpulver, Kakao und Salz in einer Schüssel mischen.

2 In einer zweiten Schüssel Butter, Eier und Zucker mit den Quirlen des Handrührgeräts zu einer cremigen Masse schlagen. Die Mehlmischung esslöffelweise unter die Butter-Eier-Masse rühren, dabei die Buttermilch dazugießen.

3 Den Teig auf dem Backblech zu einem etwa 35 x 20 cm großen Rechteck verstreichen. Im heißen Ofen (Mitte) etwa 15 Minuten backen. Herausnehmen; den Kuchen rundherum gerade schneiden; abgeschnittene Kuchenränder grob hacken und beiseitestellen.

4 Kuchen auf dem Blech abkühlen lassen, dann in zwei gleich große Rechtecke schneiden. Für die Füllung die Sahne mit Sahnesteif und Vanillezucker steif schlagen, den Eierlikör unter die Sahne ziehen. Die Hälfte der Eierlikörsahne auf einen Kuchenboden streichen, den zweiten Boden daraufsetzen und mit der übrigen Eierlikörsahne bestreichen.

5 Den Kuchen mit Eierlikör und den gehackten Kuchenstückchen garnieren. Zum Servieren in Viertel schneiden und jedes Viertel in zwei Dreiecke teilen.

Heiße Klößchen in Beerensoße

6 Portionen

50 g verzehrfertige Backpflaumen ohne Stein
150 g Möhren, gerieben
100 g unbehandelte Datteln, gehackt
125 g Rosinen oder Sultaninen
40 g Butter, in Würfel geschnitten
75 g Ananasstücke aus der Dose, gut abgetropft
75 g brauner Zucker
½ TL Backpulver
Pflanzenöl zum Einfetten
75 g Weißmehl
1 TL Backpulver
75 g Vollkornmehl
½ TL Lebkuchengewürz
1 Ei
4 TL Weinbrand oder Rum

Zubereitungszeit: ca. 15 Minuten
Ruhezeit: ca. 20 Minuten
Kochzeit: ca. 30 – 35 Minuten

1 Die Backpflaumen in der Küchenmaschine oder mit dem Handrührgerät zu einer weichen Paste pürieren. Das Pflaumenpüree mit den Möhren, Datteln und Rosinen oder Sultaninen in einen großen Topf geben. Butter, Ananas, Zucker und 125 ml Wasser einrühren.

2 Alles bei starker Hitze unter Rühren aufkochen lassen. Die Temperatur herunterschalten und zugedeckt 5 Minuten köcheln.

3 Den Topf von der Kochstelle nehmen, das Backpulver einrühren und 15 Minuten zum Abkühlen beiseitestellen.

4 In der Zwischenzeit den Backofen auf 180 °C vorheizen und ein Backblech zum Anwärmen auf die mittlere Schiene schieben. Mit einem Backpinsel sechs Auflauf- oder Puddingförmchen von etwa 150 ml Inhalt mit dem Pflanzenöl einfetten.

5 Mehl, Backpulver und Gewürzmischung in eine Schüssel sieben, dann mitsamt dem Ei und dem Weinbrand oder Rum in die Fruchtmischung rühren. Die Masse gleichmäßig in die sechs Förmchen füllen und diese auf das Backblech stellen. 25 – 30 Minuten backen, bis die Aufläufe gebräunt und leicht aufgegangen sind. Sie sind fertig, wenn beim Hineinstechen mit der Gabel kein Teig mehr daran hängen bleibt.

6 Nach dem Backen 5 Minuten ruhen lassen. Dann vorsichtig mit einem Messer aus den Förmchen lösen und unter leichtem Rütteln wie Pudding auf Teller gleiten lassen. Falls gewünscht, mit etwas fettarmem Joghurt servieren.

Apfel-Sultaninen-Clafoutis mit Zimt

4 Portionen

75 g Weizenmehl, gesiebt
75 g Zucker
3 Eier
300 ml entrahmte Milch
1 EL Calvados oder anderer Obstschnaps, falls gewünscht
500 g Backäpfel, geschält, geviertelt, vom Kernhaus befreit und in dicke Scheiben geschnitten
50 g Sultaninen oder Rosinen
1 TL Zimtpulver oder Back-Gewürzmischung

Zubereitungszeit: ca. 15 Minuten
Backzeit: ca. 30 – 40 Minuten

1 Backofen auf 200 °C vorheizen.

2 Das Mehl und die Hälfte des Zuckers in eine Schüssel geben, die Eier und die Hälfte der Milch zufügen und alles mit dem Schneebesen oder Holzlöffel vermischen oder 1 Minute in der Küchenmaschine bzw. mit dem Handrührgerät verrühren. Die restliche Milch und, falls gewünscht, den Obstschnaps einrühren und alles zu einem dünnen Teig verarbeiten.

3 Äpfel und Sultaninen in eine flache, beschichtete feuerfeste Form mit einem Volumen von 1,5 l geben. Mit Zimtpulver bzw. Gewürzmischung und dem restlichen Zucker (1 EL übrig lassen) bestreuen und den Teig darübergießen.

4 30 – 40 Minuten backen, bis der Auflauf gut aufgegangen und goldbraun ist. Mit dem restlichen Zucker bestreuen und heiß servieren. Variante: Die Äpfel durch 500 g halbierte Aprikosen, frisch oder aus der Dose, oder durch Dessertpflaumen ohne Stein ersetzen.

Unser Tipp

Wenn Sie keine beschichtete feuerfeste Form besitzen, nehmen Sie eine gewöhnliche Auflaufform und streichen Sie sie sorgfältig mit Pflanzenöl ein.

Muffins mit Bananen und Schokostückchen

12 Stück

2 EL Pflanzenöl
200 g geschälte Bananen, grob gehackt
1 Ei und 2 Eiweiß
250 ml entrahmte Milch
400 g Weißmehl
150 g weißer oder brauner Zucker
1 Päckchen Backpulver
2 TL Orangenschale, fein gerieben
50 g Bitterschokolade mit 70 % Kakaobestandteil, fein gehackt

Zubereitungszeit: ca. 15 Minuten
Backzeit: ca. 25 Minuten

1 Den Backofen auf 190 °C vorheizen. Mit einem Backpinsel und 1 EL Öl eine Muffinform, deren einzelne Förmchen einen Durchmesser von 6 cm haben, leicht einfetten.

2 In der Küchenmaschine oder mit dem elektrischen Handrührgerät die Bananen mit 1 EL Öl, dem Ei und den Eiweißen sowie der Milch pürieren.

3 Mehl, Zucker und Backpulver in eine große Rührschüssel sieben und die Orangenschale und die Schokolade kurz einrühren. Die Bananenmischung behutsam unterheben, dabei keinesfalls zu kräftig oder zu lange rühren, sonst werden die Muffins schwer und zäh. Es macht nichts, wenn der Teig noch ein wenig klumpig ist.

4 Die einzelnen Förmchen der vorbereiteten Backform zu etwa zwei Dritteln mit dem Teig füllen. Etwa 25 Minuten backen, bis die Muffins aufgegangen und leicht gebräunt sind.

5 Die Form aus dem Ofen nehmen und die Muffins aus der Form heben. Heiß oder mit Zimmertemperatur servieren, vorzugsweise am Backtag selbst.

Saftiger Schokoladenkuchen

16 Stück

125 g Trockenpflaumen ohne Steine
100 ml Weinbrand
125 g Butter, gewürfelt
150 g Bitterschokolade mit 70 % Kakaobestandteil, grob gehackt
500 g Zucker
450 g Weißmehl
1 TL Backpulver
75 g Kakaopulver
1 Ei und 2 Eiweiß, leicht verquirlt

Zum Garnieren
Puderzucker oder Kakaopulver, gesiebt

Zubereitungszeit: ca. 30 Minuten
Ruhezeit: ca. 15 Minuten
Backzeit: ca. 80 Minuten

1 Wasser zum Kochen bringen. Den Backofen auf 160 °C vorheizen. Eine 23 cm große, quadratische Kuchenform mit Backpapier auslegen.

2 Die Pflaumen in der Küchenmaschine oder mit dem Pürierstab pürieren. Bei Bedarf 1 EL heißes Wasser zufügen, damit das Püree geschmeidig wird. In eine große hitzebeständige Rührschüssel geben.

3 Weinbrand, Butter, Schokolade, Zucker und 250 ml kochendes Wasser zufügen. Das restliche kochende Wasser in einem Topf bei geringer Hitze köcheln lassen. Die Schüssel auf einem Gestell in den Topf stellen, sodass sie nicht im Wasser steht.

4 Die Masse in der Schüssel häufig umrühren, bis die Schokolade geschmolzen ist. Die Schüssel aus dem Topf nehmen und 2–3 Minuten abkühlen lassen, bis der Inhalt lauwarm ist.

5 Mehl, Backpulver und Kakao in eine große Schüssel sieben und in die Mitte eine Vertiefung drücken. Die Schokoladenmischung hineingießen, dann das Ei und die Eiweiße zufügen und alles zu einem geschmeidigen Teig schlagen.

6 Den Teig in die vorbereitete Form füllen und glatt streichen. Etwa 75 Minuten backen. Der Kuchen ist gar, wenn man ein Holzstäbchen hineinsteckt und daran beim Herausziehen kein Teig klebt.

7 Den Kuchen in der Form auf einem Kuchengitter 15 Minuten abkühlen lassen, dann zum völligen Auskühlen aus der Form nehmen und auf das Gitter stürzen. Den Kuchen mit Puderzucker oder Kakaopulver bestäuben und in 16 quadratische Stücke schneiden.

Apfel-Zimt-Teekuchen

8 Stück

60 g weiche Butter, in Stücken
115 g Zucker
1 TL Vanilleextrakt
1 Ei
150 g Weizenmehl
1 TL Backpulver
125 ml Milch
1 roter Apfel, geviertelt, entkernt und in dünne Spalten geschnitten

Zum Bestreichen
20 g Butter, zerlassen
1 EL Zucker
1 TL gemahlener Zimt

Zubereitungszeit: ca. 20 Minuten
Backzeit: ca. 30 Minuten

1 Den Ofen auf 180 °C vorheizen. Den Rand einer Springform (20 cm Ø) einfetten und den Boden mit Backpapier auslegen.

2 Butter, Zucker und Vanilleextrakt in einer Rührschüssel mit dem Handrührgerät cremig-weiß aufschlagen. Das Ei gründlich unterrühren. Mehl und Backpulver in eine zweite Schüssel sieben. Mit einem großen Metalllöffel erst die Hälfte der Mehlmischung unter die Buttermischung ziehen, dann die Milch und dann die zweite Hälfte.

3 Den Teig in die Form füllen und glatt streichen. Die Apfelspalten fächerförmig darauf verteilen. 30 Minuten backen, bis die Oberfläche goldgelb ist und der Teig in der Mitte auf sanften Druck elastisch nachgibt.

4 Den Kuchen aus dem Ofen nehmen und mit zerlassener Butter bestreichen. Zimt und Zucker mischen und darüberstreuen.

5 Den Kuchen in der Form 10 Minuten abkühlen lassen. Den Rand der Form abnehmen und den Kuchen zum Kaltwerden auf ein Gitter umsetzen.

Doppeldecker-Erdbeertörtchen

8 Törtchen

2 große unbehandelte Limetten, geriebene Schale und Saft
1 kg Erdbeeren, geputzt und halbiert
6 EL Zucker
350 g Mehl
2 EL Backpulver
2 TL Ei-Ersatz
3 EL gekühlte Margarine, in Stücke geschnitten
80 ml fettarme Milch (1,5 %)
80 ml fettarme Buttermilch
250 ml Sauerrahm ohne Fett
500 ml Schlagsahne
frische Minzezweige

Zubereitungszeit: ca. 30 Minuten
Backzeit: ca. 12 Minuten

1 Den Backofen auf 220 °C vorheizen. Ein Backblech dünn einfetten. Erdbeeren, 2 EL Limettensaft und 3 EL Zucker in einer Schüssel mischen und beiseitestellen.

2 Mehl, Backpulver, Ei-Ersatz, 2 EL Zucker und 1 TL Limettenschale in einer Schüssel mischen. Margarine hineinschneiden. Mit einer Gabel Milch und Buttermilch einrühren, bis ein weicher Teig entsteht. Eine Arbeitsfläche leicht bemehlen. Den Teig darauf kneten, bis er zusammenhaftet.

3 Teig zu einem großen runden Fladen mit etwa 1,5 cm Höhe flach drücken. Mit einem bemehlten 7,5 cm-Törtchenstecher daraus 8 Kreise ausstechen. Reste immer wieder ausrollen. Törtchen mit 2,5 cm Abstand voneinander auf das Backblech legen. Mit restlichem Zucker bestreuen. Etwa 12 Minuten backen, bis sie goldgelb aufgehen. Dann auf einem Gitter abkühlen lassen.

4 Inzwischen den Sauerrahm unter die Schlagsahne heben. Törtchen mit einem Brotmesser aufschneiden. Mit der Erdbeer-Sahne-Masse füllen; eine Schicht der Masse obenauf geben. Mit Limettenschale und Minzezweig garnieren.

Zitronentarte mit Baiser

8 Stück

85 g Mehl
30 g Vollkornweizenmehl
30 g Kokosflocken
3 TL Sonnenblumenöl
2 EL kalte, fettarme Milch
2 EL flüssige Butter oder Pflanzenmargarine
1 Eigelb
360 ml Wasser
200 g Zucker
6 EL Speisestärke
80 ml Zitronensaft, frisch gepresst
1 EL abgeriebene Zitronenschale
3 Eiweiß
2 EL Zucker

Zubereitungszeit: ca. 35 Minuten
Backzeit: ca. 40 Minuten

1 Mehl, Vollkornmehl und Kokosflocken in einer Schüssel vermischen. Öl, Milch und 1 EL Butter unterrühren und alles zu einem weichen Teig verarbeiten. Die Schüssel mit Alufolie zudecken und den Teig etwa 30 Minuten in den Kühlschrank stellen.

2 Den Backofen auf 220 °C vorheizen. Den Teig auf einer bemehlten Arbeitsfläche zu einer runden Scheibe ausrollen, die etwa 30 cm Durchmesser hat. Den Teig in eine 25 cm große Backform geben, mit Alufolie auslegen und mit Hülsenfrüchten füllen. Den Teig etwa 10 Minuten vorbacken, dann Folie und Hülsenfrüchte entfernen.

3 Inzwischen Eigelb und Wasser in einer kleinen Schüssel verquirlen. Zucker und Speisestärke in einem Topf vermischen. Die Eigelbmischung unterrühren und bei mittlerer Hitze etwa 1 Minute lang aufkochen lassen, bis die Soße dickflüssig ist. Zitronensaft und -schale und die restliche Butter (1 EL) unterrühren und abkühlen lassen.

4 Die Ofenhitze auf 175 °C reduzieren. Die Eiweiße steif schlagen, dabei nach und nach den Zucker (2 EL) einrieseln lassen. So lange schlagen, bis sich kleine Schneegipfel bilden.

5 Die Zitronenfüllung gleichmäßig auf dem Teig verteilen und das geschlagene Eiweiß darübergeben.

6 Die Tarte 15 bis 20 Minuten backen, bis das Baiser hellbraun ist. Dann abkühlen lassen und die Tarte bis zum Servieren in den Kühlschrank stellen.

Cappuccino-Gugelhupf

1 Gugelhupf (16 Stück)

240 g Weizen- oder Dinkelmehl
30 g Speisestärke
240 g Zucker
1 EL Backpulver
¾ TL Zimtpulver
½ TL Salz
120 ml Walnuss- oder Sonnenblumenöl
2 große Eier, getrennt, und 4 große Eiweiß
180 ml Espresso bzw. dunkler Kaffee (mit Raumtemperatur)
2 EL Kakaopulver
1 TL Vanillezucker
½ TL Weinsteinbackpulver
2 EL Puderzucker

Zubereitungszeit: ca. 15 Minuten
Backzeit: ca. 45 Minuten

1 Den Backofen auf 160 °C vorheizen. Mehl, Speisestärke, Zucker, Backpulver, Zimt und Salz in einer Schüssel vermischen. Öl, Eigelbe, Espresso, Kakaopulver und Vanillezucker in einer weiteren großen Schüssel cremig schlagen. Die Mehlmischung mit dem Eiergemisch gut verrühren.

2 Die 6 Eiweiße mit dem Weinsteinbackpulver in einer weiteren Schüssel steif schlagen. Dann vorsichtig unter den Kuchenteig ziehen.

3 Den Teig in eine leicht gefettete Gugelhupfform füllen und den Kuchen etwa 45 Minuten backen, bis an der Gabel kein Teig mehr kleben bleibt.

4 Den Kuchen in der Form abkühlen lassen. Dann vorsichtig mit dem Messer am Rand entlangfahren, bis sich der Kuchen auf einen Teller stürzen lässt. Vor dem Servieren mit Puderzucker bestäuben.

Unser Tipp
Die Speisestärke (d. h. reine Maisstärke) macht den Kuchen besonders luftig.
Sie können je nach Mehlsorte auch 220 g Mehl und 50 g Stärke nehmen.

Heidelbeermuffins mit Zitronenglasur

12 Stück

280 g Mehl
1 TL Backpulver
½ TL Salz
125 g Zucker
250 ml fettarme Milch (1,5 %)
plus 2 EL für den Guss
60 g fettfreier Ei-Ersatz
(Reformhaus)
4 EL Margarine, geschmolzen
125 ml fettarmer Sauerrahm
2 TL Vanilleessenz
250 g frische Heidelbeeren
250 g gesiebter Puderzucker
1 EL geriebene Zitronenschale

Zubereitungszeit: ca. 20 Minuten
Backzeit: ca. 20 Minuten

1 Den Backofen auf 200 °C vorheizen. Vertiefungen von einem 12er-Muffin-Blech mit Papierförmchen auslegen. Mehl und Zucker in einer Schüssel mischen. 250 ml Milch, Ei-Ersatz, Margarine, Sauerrahm und Vanille in zweiter Schüssel verrühren.

2 In die Mitte der Mehlmischung eine Vertiefung drücken. Milchmischung mit Gabel einrühren. 200 g Beeren unterrühren.

3 Teig in die Papierförmchen geben. Mit den restlichen Heidelbeeren bestreuen. Etwa 20 Minuten backen, bis an einem Holzspießchen kein Teig haften bleibt. Auf einem Gitter 10 Minuten abkühlen lassen.

4 Inzwischen aus Puderzucker, Zitronenschale und der restlichen Milch einen ausreichend flüssigen Guss rühren. Auf die abgekühlten Muffins träufeln.

Pfirsich-Früchtebrot

1 Brot (16 Scheiben)

2 mittelgroße Pfirsiche
180 g Mehl
80 g Vollkornmehl
30 g Weizenkeime
170 g Zucker
1 TL Natron oder Backpulver
½ TL Salz
120 g Sauerrahm
1 großes Ei und 2 große Eiweiß
2 EL Olivenöl
1 TL Mandelaroma

Zubereitungszeit: ca. 15 Minuten
Backzeit: ca. 60 Minuten

1 Den Backofen auf 175 °C vorheizen. Eine Kastenform (10 x 20 cm) mit etwas Olivenöl einfetten.

2 Die Pfirsiche 20 Sekunden in kochendem Wasser blanchieren. Schälen, entsteinen und klein schneiden (sollten etwa 150 g ergeben).

3 Mehl, Vollkornmehl, Weizenkeime, Zucker, Natron und Salz in einer großen Schüssel vermischen.

4 Sauerrahm, ganzes Ei, Eiweiße, Öl und Mandelaroma in einer kleinen Schüssel verrühren. Eine kleine Mulde in das Mehlgemisch drücken und die Sauerrahm-Ei-Mischung hineingießen. Alles zu einem Teig verrühren. Zum Schluss die Pfirsichstückchen unterheben.

5 Den Teig in die Form füllen und oben glatt streichen. Etwa 1 Stunde backen. Danach mit einer Gabel in das Brot stechen und prüfen, ob noch Teig kleben bleibt. Die Form auf einem Kuchengitter abkühlen lassen. Dann das Pfirsichbrot auf das Gitter stürzen und vollends abkühlen lassen.

Kaiserschmarrn

4 Portionen

250 g Mehl
50 g Zucker
½ Päckchen Vanillezucker
½ TL abgeriebene unbehandelte Zitronenschale
1 Prise Salz
3 Eier
200 ml Milch
2 EL Rosinen oder Rum-Rosinen
50 g Butter
50 g Mandelblättchen
Puderzucker zum Bestreuen

Zubereitungszeit: ca. 25 Minuten

1 Mehl, Zucker, Vanillezucker, Zitronenschale und Salz in eine Rührschüssel geben und mischen. Die Eier und die Milch hinzufügen; alles mit den Quirlen des Handrührgeräts zu einem glatten, dickflüssigen Teig verrühren.

2 Inzwischen die Butter in einer großen Pfanne erhitzen. Den Teig hineingießen und die (Rum-)Rosinen gleichmäßig darauf verteilen.

3 Den Teig bei mittlerer Hitze backen, bis die Unterseite fest und hell gebräunt ist, dann mit einem Kochlöffel teilen, die Stücke wenden und mit zwei Gabeln zerreißen.

4 Den Schmarrn unter gelegentlichem vorsichtigem Wenden weiterbraten, bis er gar und gebräunt ist. Inzwischen in einer zweiten Pfanne die Mandelblättchen ohne Fett goldgelb rösten.

5 Den Schmarrn in der Pfanne mit den Mandelblättchen und dick mit Puderzucker bestreuen.

Pecannusswaffeln mit Ahornsirup-Brombeer-Soße

4 Portionen

110 g Mehl
½ TL Zimt
1 TL Backpulver
1 EL Zucker
1 großes Ei, getrennt
200 ml fettarme Milch
20g Butter, zerlassen
1 ½ EL fein gehackte Pecannüsse

Für die Ahornsirup-Brombeer-Soße
1 große, reife Tafelbirne
4 EL Ahornsirup
50 g Pecannüsse
100 g Brombeeren

Zubereitungszeit: ca. 20 Minuten
Kochzeit: ca. 15 Minuten

1 Zunächst die Soße zubereiten. Dazu die Birne längs vierteln, entkernen und fein würfeln. Birnenwürfel und Ahornsirup in einen kleinen Topf geben und sanft erwärmen. Den Topf vom Herd nehmen. Pecannüsse und Brombeeren unterrühren und die Soße beiseitestellen.

2 Das Waffeleisen gemäß Gebrauchsanweisung vorheizen und gegebenenfalls leicht einfetten.

3 Unterdessen den Waffelteig zubereiten. Dazu Mehl, Zimt und Backpulver in eine mittelgroße Schüssel sieben. Den Zucker unterrühren. Eine Vertiefung in die Mitte der Mischung drücken, Eigelb und Milch hineingeben und beides leicht verquirlen. Die Eimasse vorsichtig unter die Mehlmischung ziehen, bis ein glatter, dickflüssiger Teig entsteht. Dann Butter und Pecannüsse einrühren.

4 Das Eiweiß in einer separaten Schüssel steifschlagen. Dann zum Waffelteig geben und mit einem Metalllöffel unterheben.

5 Eine kleine Kelle Teig (3–4 EL) in die Mitte des vorgeheizten Waffeleisens geben und das Eisen fest schließen. Nach 2–3 Minuten das Waffeleisen öffnen und den Gargrad der Waffel prüfen: Wenn sie auf beiden Seiten goldbraun ist und sich leicht vom Eisen löst, ist sie fertig.

6 Die fertige Waffel mit einem Pfannenwender aus dem heißen Eisen heben, beiseite stellen und warm halten, während die restlichen Waffeln gebacken werden.

7 Kurz bevor alle Waffeln fertig sind die vorbereitete Soße aufwärmen und noch warm zu den Waffeln servieren.

Crêpes mit Birnen, Nüssen und Gorgonzola

10–12 Stück

200 g Gorgonzola
150 g Mehl
3 Eier
200 ml Milch
100 ml kohlensäurehaltiges Mineralwasser
Salz
frisch gemahlener Pfeffer
frisch geriebene Muskatnuss
2 große Birnen (etwa 400 g)
50 g Butter
50 g Walnusskerne, grob zerkleinert
1 EL Marsala (nach Belieben)

Zubereitungszeit: ca. 30 Minuten

1 Den Gorgonzola entrinden und zerkleinern. Das Mehl in eine Schüssel geben, die Eier hinzufügen und alles mit einem Schneebesen vermischen, dabei die Milch und das Mineralwasser langsam dazugießen und unterrühren.

2 Den Teig mit Salz, Pfeffer und Muskat würzen. 150 g Gorgonzolastückchen dazugeben und alles mit dem Stabmixer aufschlagen, bis keine Käsestückchen mehr vorhanden sind. Teig beiseitestellen. Den Backofen auf 50 °C vorheizen.

3 Die Birnen waschen, abtrocknen, halbieren und entkernen. Die Birnenhälften quer in dünne Scheiben schneiden.

4 In einer Pfanne 1 EL Butter erhitzen. Die Birnen mit den Walnüssen darin bei mittlerer Hitze kurz dünsten. Nach Belieben den Marsala dazugeben und die Birnen noch etwa 5 Minuten (je nach Reife) dünsten. Anschließend auf einen Teller geben und im Ofen warmhalten.

5 In einer beschichteten Pfanne (innen 20 cm Ø) etwa 1 TL Butter erhitzen. Eine Schöpfkelle voll Teig hineingeben und durch Schwenken dünn verteilen. Sobald die Unterseite bräunt, die Crêpe wenden und auf der anderen Seite braten. Auf einen Teller gleiten lassen und im Ofen warmhalten. Auf diese Weise den gesamten Teig zu Crêpes braten.

6 Die Crêpes mit jeweils 1–2 EL Birnen-Nuss-Mischung bestreuen, etwas vom übrigen Gorgonzola darüberstreuen; die Crêpes zusammenklappen und auf Tellern anrichten.

Vollkornpfannkuchen mit Aprikosenkonfitüre

4 Portionen

175 g Weizenvollkornmehl
1 Prise Salz
1 gute Prise gemahlene Vanille
3 Eier
250 ml Milch
2 Zweige Zitronenmelisse
200 g Aprikosen
100 g Gelierzucker 2:1
Puderzucker zum Bestäuben

Zubereitungszeit: ca. 30 Minuten

1 Das Mehl mit Salz und Vanille in eine Schüssel geben. Die Eier aufschlagen und dazugeben. Die Milch hinzufügen und alles mit den Quirlen des Handrührgeräts zu einem glatten Teig verrühren; zugedeckt beiseitestellen, bis die Aprikosenkonfitüre zubereitet ist. Den Backofen auf 60 °C vorheizen.

2 Die Melisse waschen. Die Blättchen abzupfen und fein hacken. Die Aprikosen waschen, trocken reiben und entsteinen. Die Fruchthälften in einen hohen Rührbecher geben und mit dem Stabmixer pürieren.

3 Das Aprikosenpüree in einem Topf mit dem Gelierzucker verrühren. Unter Rühren aufkochen und 4 Minuten kochen lassen. Vom Herd nehmen und die Zitronenmelisse unterrühren; beiseitestellen.

4 Eine beschichtete Pfanne bei mittlerer Hitze heiß werden lassen. Ein Viertel des Teiges hineinschöpfen und 3 Minuten backen, bis die Unterseite gebräunt ist. Den Pfannkuchen wenden und weitere 3 Minuten backen. Auf einen Teller geben und im Ofen warm halten.

5 Aus dem restlichen Teig noch drei Pfannkuchen backen. Die Pfannkuchen auf vier Teller legen, mit der Aprikosenkonfitüre bestreichen und aufrollen. Mit Puderzucker bestäuben und servieren.

Kernige Möhrentarte mit Limettenquark

1 Tarte (26 cm Ø)

200 g Möhren
175 g Salatkern-Mix
1 unbehandelte Limette
2 Eier
1 Prise Salz
100 g Rohrohrzucker
50 g Dinkelmehl Type 630
2 EL Orangenmarmelade
250 g Sahnequark
1 EL flüssiger Honig
Außerdem: Backpapier

Zubereitungszeit: ca. 15 Minuten
Backzeit: ca. 20 minuten

1 Den Backofen auf 200 °C vorheizen. Die Form mit Backpapier auskleiden. Möhren putzen, schälen und fein raspeln. Vom Kern-Mix 25 g beiseitestellen, den Rest (150 g) im Blitzhacker fein mahlen. Die Limette heiß abwaschen und abtrocknen. Die Schale abreiben.

2 Eier trennen. Eiweiße mit Salz steif schlagen, dabei 50 g Zucker einrieseln lassen. Die Eigelbe mit dem restlichen Zucker (50 g) mit den Quirlen des Handrührgeräts in etwa 2 Minuten zu einer hellen Creme schlagen. Möhrenraspel daruntermischen.

3 Den Eischnee unter die Eigelb-Möhren-Creme ziehen. Mehl mit gemahlenem Kern-Mix und Limettenschale mischen; unter die Creme heben.

4 Die Masse in die Form füllen und glatt streichen. Im heißen Ofen (mittlere Schiene) 20 Minuten backen. Die Möhrentarte aus dem Ofen nehmen und kurz in der Form abkühlen lassen.

5 Auf ein Kuchengitter stürzen, das Papier oben abziehen und die Tarte mit einer Gabel mehrfach einstechen. Die Marmelade erhitzen und auf die Tarte träufeln; abkühlen lassen.

6 Die Limette auspressen. Die beiseitegestellten Kerne hacken. Den Quark mit Limettensaft und Honig cremig rühren. Den Limettenquark mit einem Löffel auf der Tarte verteilen und den gehackten Salatkern-Mix darüberstreuen.

Italienische Kirsch-Crostata

1 Kuchen (26 cm Ø)

100 g kalte Butter,
mehr für die Form
300 g Mehl, mehr zum Arbeiten
150 g Zucker
1 Prise Salz
50 g kaltes Schweineschmalz
1 großes Ei (L)
1 EL Zitronensaft
400 g Kirschkonfitüre
2 Msp. gemahlene Gewürznelken
3 Msp. gemahlener Zimt
1 Eigelb
1 EL Kondensmilch

Zubereitungszeit: ca. 20 Minuten
Backzeit: ca. 30 Minuten

1 Die Form fetten und kalt stellen. Für den Teig Mehl, Zucker und Salz in einer Schüssel mischen. Butter und Schmalz in kleinen Stücken dazugeben und unter die Mehlmischung hacken, dann Ei und Zitronensaft unterkneten, bis sich der Teig vom Schüsselrand löst.

2 Zwei Drittel des Teigs auf der bemehlten Arbeitsfläche ausrollen und die Form damit auskleiden, dabei einen etwa 1 cm hohen Rand formen. Die Form für etwa 5 Minuten kalt stellen. Den Backofen auf 200 °C vorheizen.

3 Für den Belag die Konfitüre mit Nelken und Zimt würzen. Restlichen Teig auf der bemehlten Arbeitsfläche dünn ausrollen und Herzen ausstechen.

4 Die gewürzte Konfitüre auf dem Teigboden verstreichen und mit den Herzen verzieren. Eigelb mit Kondensmilch verquirlen und die Herzen damit bestreichen. Crostata im heißen Ofen (mittlere Schiene) in etwa 30 Minuten knusprig backen.

Unser Tipp

Die Crostata mit einer anderen Konfitüre zubereiten. Sehr gut passen beispielsweise Aprikosen- oder Pflaumenkonfitüre. Für den Teig kann das Schweineschmalz durch Butter ersetzt werden – insgesamt dann also 150 g Butter für den Teig nehmen.

Register

Impressum und Bildnachweis

Einleitung
Print & Screen Productions, Köln

Reader's Digest
Redaktion: Helin Dag, Falko Spiller
Grafik und Prepress: Klaus Eitel
Bildredaktion: Sabine Schlumberger

Redaktionsdirektor: Michael Kallinger
Redaktionsleiterin Buch: Almuth Stiefvater
Art Director: Susanne Hauser

Produktion
arvato distribution: Thomas Kurz

Druck und Binden
Mohn Media Mohndruck, Gütersloh

Printed in Germany
ISBN 978-3-95619-400-9

Bildnachweis
Alle Bildrechte bei Reader's Digest außer Coverhintergrund: Shutterstock.com/Andrey Zhernovoy;
S. 4/5 und S. 6: iStock; S. 7, S. 8 und S. 9: Shutterstock.com

Besuchen Sie uns im Internet
readersdigest-verlag.de
readersdigest-verlag.ch
readersdigest-verlag.at